N&K

# POLITICAL CORRECTNESS

Ein Streitgespräch

Michael Eric Dyson & Michelle Goldberg
versus
Stephen Fry & Jordan Peterson

Aus dem Englischen von Jürgen Neubauer
und
mit einem Vorwort von Eva Illouz

NAGEL & KIMCHE

Titel der Originalausgabe: *Political Correctness*

Copyright © 2018 Aurea Foundation
»Michael Eric Dyson, Michelle Goldberg, Stephen Fry, and Jordan
Peterson in Conversation« © by Rudyard Griffiths
Published in Canada in 2018 by House of Anansi Press Inc.

1. Auflage 2019
© der deutschsprachigen Ausgabe: 2019 Nagel & Kimche
in der MG Medien Verlags GmbH, München
© Vorwort Eva Illouz und © Übersetzung des Vorwortes
durch Michael Adrian: 2019 Nagel & Kimche in der
MG MedienVerlags GmbH, München
Satz: JournalMedia GmbH, Susanne Tauber
gesetzt aus der Minion Pro
Herstellung: JournalMedia GmbH, München
Druck und Bindung: CPI Books GmbH

ISBN 978-3-312-01142-1
Printed in Germany

# INHALT

DIE MUNK-DEBATTEN ........ 7

EIN BRIEF VON PETER MUNK ........ 9

VORWORT · EVA ILLOUZ ........ 13

VORGESPRÄCHE MIT DEM MODERATOR
RUDYARD GRIFFITHS ........ 43

DIE DEBATTE:
»STELLT DAS, WAS ALS POLITISCHE KORREKTHEIT
BEZEICHNET WIRD, EINEN FORTSCHRITT DAR?«
PRO MICHAEL ERIC DYSON & MICHELLE GOLDBERG
CONTRA STEPHEN FRY & JORDAN PETERSON ........ 81

NACHGESPRÄCHE ........ 149

ANHANG ........ 155

DIE TEILNEHMER DER DEBATTE ........ 155

DIE VORGESPRÄCHE · QUELLEN ........ 157

DANK ........ 158

VITEN · ÜBERSETZER ........ 159

# DIE MUNK-DEBATTEN

Die Munk-Debatten sind eines der wichtigsten politischen Ereignisse Kanadas. Sie werden halbjährlich durchgeführt und bieten Vordenkern ein internationales Forum zur Erörterung wichtiger politischer Themen. Sie werden in Toronto vor einem Live-Publikum durchgeführt und von nationalen und internationalen Medien dargestellt. Zu den Teilnehmern der jüngsten Munk-Debatten gehören Anne Applebaum, Louise Arbour, Tony Blair, Alain de Botton, Daniel Cohn-Bendit, Alan Dershowitz, Mia Farrow, Niall Ferguson, William Frist, Newt Gingrich, Malcolm Gladwell, Michael Hayden, Christopher Hitchens, Josef Joffe, Robert Kagan, Garry Kasparov, Henry Kissinger, Charles Krauthammer, Paul Krugman, Lord Nigel Lawson, Stephen Lewis, George Monbiot, Vali Nasr, Camille Paglia, Giorgios Papandreou, Samantha Power, Vladimir Pozner, Anne-Marie Slaughter, Hernando de Soto, Bret Stephens, Andrew Sullivan, Justin Trudeau, Amos Yadlin, Fareed Zakaria u.a. …

Die Munk-Debatten sind ein Projekt der Aurea Foundation, einer gemeinnützigen Stiftung, die 2006 von Peter und Melanie Munk zur Förderung der Politikwissenschaften und der politischen Diskussion gegründet wurde. Weitere Informationen finden Sie auf der Website www.munkdebates.com.

# EIN BRIEF VON PETER MUNK

Meine Frau Melanie und ich sind zutiefst dankbar dafür, wie schnell die Munk-Debatten seit der ersten Veranstaltung die Aufmerksamkeit der Öffentlichkeit gewonnen haben. Seit der ersten Debatte im Mai 2008 waren wir Gastgeber einiger der aufregendsten politischen Diskussionen in Kanada und weltweit. Mit ihrer globalen Ausrichtung haben die Munk-Debatten eine breite Palette von Themen erörtert, wie zum Beispiel humanitäre Hilfe, die Wirksamkeit von Entwicklungshilfe, die Gefahr des Klimawandels, die Auswirkungen der Religion auf Geopolitik, den Aufstieg Chinas und den Niedergang Europas. Einige der bedeutendsten Vordenker und Akteure der Welt haben aus diesen spannenden Themen ihre geistigen und moralischen Funken geschlagen, von Henry Kissinger und Tony Blair über Christopher Hitchens und Paul Krugman bis zu Peter Mandelson und Fareed Zakaria.

Die Themen, die in den Munk-Debatten verhandelt wurden, haben nicht nur das öffentliche Bewusstsein geschärft, sondern auch vielen von uns geholfen, die Globalisierung besser zu verstehen und mögliche Ängste abzubauen. Es ist so einfach, Nabelschau zu betreiben, nationalistisch zu denken und alles Fremde abzulehnen, und so schwer, sich dem Unbekannten zu stellen. Die Globalisierung ist für viele eine abstrakte Angelegenheit.

Diese Debatten sollen uns helfen, mit der sich rasant verändernden Welt vertrauter zu werden und am globalen Dialog um Themen teilzunehmen, die unsere gemeinsame Zukunft bestimmen werden.

Ich muss Ihnen nicht sagen, wie lang die Liste der Problemstellungen ist. Klimawandel, Armut, Völkermord und die brüchige Weltfinanzordnung sind nur einige der Fragen, die den Menschen heute beschäftigen müssen. Mit Sorge beobachten ich und die Direktoren der Aurea Foundation, dass die Qualität der öffentlichen Diskussion eher abzunehmen scheint, je zahlreicher und dringlicher die Probleme werden. Als Diskussionsort für globale Schlüsselfragen sind die Munk-Debatten nicht nur ein Forum für die Überlegungen und Ansichten bedeutender Vordenker, sondern sie entzünden das Interesse der Öffentlichkeit, sie schaffen Wissen und geben uns Mittel an die Hand, die großen Probleme unserer Zeit anzugehen.

Ich habe gelernt, dass wir im Angesicht von Herausforderungen oftmals über uns hinauswachsen, und vielleicht haben Sie ähnliche Erfahrungen gemacht. Die Teilnehmer dieser Debatten fordern nicht nur einander heraus, sondern sie fordern auch uns auf, klar und vernünftig über die wichtigen Probleme nachzudenken, vor denen unsere Welt heute steht.

*Peter Munk (1927 – 2018)*
*Gründer der Aurea Foundation / Toronto, Ontario*

# VORWORT · EVA ILLOUZ

## WARUM POLITISCHE KORREKTHEIT WICHTIG IST. EIN KONTRAPUNKT

### DIE ENTKOPPLUNG VON DEMOKRATIE UND KAPITALISMUS

Der gegenwärtige historische Moment lässt sich nur als eine Gezeitenwende jener Welle der Demokratisierung verstehen, die die westlichen Gesellschaften während des letzten halben Jahrhunderts ausgezeichnet hat. Im Schatten der beiden Kriege, die Kontinente verheert und Millionen von Menschen das Leben gekostet hatten, zogen die westlichen Gesellschaften eine Bilanz der Verwüstung und gingen dazu über, ethnische und sexuelle Minderheiten zu gleichberechtigten Bürgern zu machen.

Diese Welle der Demokratisierung basierte paradoxerweise auf neuen Theorien, die das westliche Projekt insgesamt kriminalisierten: Zunehmend wurde der Westen mit seinen kolonialen Bestrebungen und mörderischen Kriegen gleichgesetzt, stand seine Wissenschaft für die männliche Kontrolle von Leben und Natur, galt seine bislang von den Intellektuellen bewunderte Hochkultur als ein Instrument der Erniedrigung und Ausgrenzung, wurden seine Geschlechterverhältnisse, die einmal der Schauplatz von Galanterie und Hingabe gewesen waren, als einer der Gewalt entblößt. Ja, immer öfter betrachtete man die Demokratie selbst als eine Schaufensterveranstaltung, hinter der sich mächtige wirtschaftliche Interessen und neokolonialistische Politiken verbargen. Kurzum: Hatten die Demokratisierungsschübe des 19. Jahrhunderts zur Regulierung von Kinderarbeit, zu mehr Sicherheit am Arbeitsplatz und einer Ausweitung des Wahlrechts geführt, so schienen sich die Wellen der Demokratisierung nach dem Zweiten Weltkrieg merkwürdigerweise genau gegen die Grundsätze zu richten, in deren Namen sie erfolgten. Diese seltsame Form der Demokratisierung verwirklichte zentrale Werte des Westens und trat sie gleichzeitig mit Füßen: Wissenschaft, Demokratie, nationalen (oder kulturellen) Stolz, Geschlechterunterschiede, religiöse Hingabe. Anfangs zumindest zahlte sich diese Strategie aus: Die Kriminalisierung sexueller Belästigung verbesserte die Sicherheit am Arbeitsplatz für Frauen; rassistische Sprache wurde strafrechtlich effektiv verfolgt; in den USA wurde die Aufhebung der Rassentrennung an der Schule rechtlich erzwungen; Diskriminierungen am Arbeitsplatz oder auf dem Wohnungsmarkt wurden verboten und vieles mehr. Dieser Demokratisierungsschub prägte schließlich den Lebensstil und die moralischen Auffassungen ganzer gesellschaftlicher Gruppen; er führte zu einem neuen Verständnis von Politik, demzufolge die Institutionen

Individuen und jenen Gruppen, die sich nicht der Mehrheit anpassen, Achtung schuldeten.

Bis in die 1980er Jahre ging die Demokratisierung mit einer schrittweisen Einbindung der Arbeiterklassen in die kapitalistischen Institutionen einher. Rund ein Jahrhundert lang konnte es so aussehen, als arbeite der Kapitalismus Hand in Hand mit der Demokratie – selbst da, wo diese das Ergebnis harter Kämpfe war. Erst die neoliberale Wende brachte einen grundlegenden Wandel: Der Kapitalismus globalisierte sich und zerrüttete die Lebenswelt vieler Angehöriger der Arbeiterklassen durch Verarmung, instabile Familienverhältnisse, Arbeitsplatzunsicherheit, Lohnverfall und chronische Erwerbslosigkeit. Das Leben der Menschen aus den Arbeiter- und Mittelschichten wurde von dieser neoliberalen Wende tiefgreifend beeinflusst. Gleichzeitig waren die 1980er Jahre die Zeit, in der Minderheiten sowohl in der Kultur allgemein als auch besonders an den Universitäten größere Sichtbarkeit erlangten. Lautstark und nachdrücklich forderten sie ihre rechtliche Gleichstellung und ein Ende jeder – symbolischen oder materiellen – Diskriminierung ein. Das Zusammentreffen beider Entwicklungen – der Zerstörung der Lebenswelt der arbeitenden Klassen und der größeren Sichtbarkeit von Minderheiten – erzeugte ein Paradox: Die Arbeiterklassen waren de facto an den Rand der Hauptzentren des Wohlstands (der Städte) gedrängt, beanspruchten aber, die Breitenkultur zu repräsentieren. Dieses Paradox steht im Zentrum der gegenwärtigen Entkopplung von Demokratie und Kapitalismus, in Form einer Verschiebung, also einer psychischen und rhetorischen Figur, die Psychoanalytikern und Soziologen gut bekannt ist. Viele Angehörige der Arbeiter- und Mittelschicht erlebten die objektive Zerstörung ihrer Lebenswelt als einen Vorgang, von dem jene Minderheiten profitierten, die um Anerkennung und Gleichstellung gekämpft hatten.[1] Das Phänomen Trump ist eine Folge des realen Privilegienverlusts der weißen Arbeiterschicht und ihrer halluzinatorischen Rückprojektion, sexuelle und ethnische »Minderheiten« erfreuten sich nunmehr unverdienter Privilegien. Es handelt sich um einen Versuch, die Welt wiederherzustellen, wie sie vor dem großen Umbruch durch Formen der Demokratisierung war, die die Arbeiterklassen nicht einschlossen, ja bis zu einem gewissen Grad sogar ausschlossen. Deshalb werden Frauen, Afroamerikaner, Transgender, Homosexuelle und gelegentlich die Juden für den gegenwärtigen Zusammenbruch der Gesellschaft verantwortlich gemacht (auch wenn inzwischen einzelne Juden eine beträchtliche Rolle in der trumpistischen Bewegung spielen).

---

[1] Vgl. Arlie Russell Hochschild, *Fremd in ihrem Land. Eine Reise ins Herz der amerikanischen Rechten*, übers. von Ulrike Bischoff, Frankfurt am Main und New York: Campus 2017.

Durch den Stellenabbau in der Industrie hatten Männer aus der Arbeiterschicht die größten Verluste an Status und Privilegien zu verzeichnen, während ihre Frauen den Anforderungen der neuen Dienstleistungs- und Technologiewirtschaft im Großen und Ganzen genügten. (Auch können sie in der wachsenden Pflegebranche und anderen typischen Frauenberufen arbeiten und damit Löhne verdienen, die eher am unteren Ende der Einkommensskala angesiedelt sind, auch wenn sie gewerkschaftlich nicht so gut organisiert sind, wie ihre Männer es einmal waren.) Vor diesem Hintergrund eigneten sich die Männer aus den Arbeiterklassen Werte an, die zunehmend mit der Kultur der Linken in Widerspruch gerieten: Patriotismus, Heteronormativität, Familie und Religion standen für jene ontologische Sicherheit, die ihnen geraubt worden war; nach den 1980er Jahren wurden diese Werte (und diejenigen, die sie vertraten) von einem nennenswerten Teil der Linken abgetan oder verachtet. Anders gesagt: Die Männer der Arbeiterklassen erlebten einen gleichermaßen materiellen wie symbolischen Verlust, einen Verlust an Arbeitsplatzsicherheit und an jenem männlichen Ehrgefühl, das auf ihrer Vorherrschaft über die Frauen als »Haushaltsvorstand« beruht hatte. Diese Männer verloren ihre Ehre gleich doppelt: einmal an den globalen Kapitalismus und ein zweites Mal an den Feminismus. Dieser reale Verlust fand seine Entsprechung in der allgemeinen Ablehnung der Arbeiterschicht durch die Mainstream-Medien.

## VORWORT

Die politische Korrektheit berührt den Prozess der Demokratisierung der zeitgenössischen Gesellschaften im Kern. Jordan Peterson ist zu der Berühmtheit geworden, die er ist, weil er es vor allem versteht, den Widerspruch zwischen den Existenzbedingungen der Arbeiterklassen und den Aporien einer Linken, die sich für kosmopolitische Werte einsetzt, vor seinen Karren zu spannen. So universell diese Werte in ihrer Einbeziehung aller Kulturen und Religionen auch sein sollen, identifiziert sich diese Linke doch bereitwilliger mit der Kultur und Religion von Nichtchristen und Nichtweißen als mit denen der enteigneten Klassen, die sie traditionell vertreten hat.

Petersons Ideen schnurren in diesem Sinne auf eine einfache Formel zusammen: Lasst uns zu den guten alten Zeiten zurückkehren, als die Hierarchien noch eindeutig und unumstritten waren, als sich Kulturen vielleicht nicht unbedingt feindlich gesonnen, als sie aber zumindest klar voneinander unterschieden waren, als ein Mann noch ein Mann und eine Frau noch eine Frau war. Für ihn gehen Hierarchien gesellschaftlichen und politischen Einrichtungen voraus und wohnen ihnen zugleich inne. Versuche, Hierarchien zu korrigieren, seien tyrannisch, weil sie die moralische und natürliche Ordnung stören. Aus dieser Perspektive ist die Linke tyrannisch.

## POLITISCHE KORREKTHEIT

Politische Korrektheit geht von der Prämisse aus, dass Ungleichheiten, die lange Zeit als natürlich gegolten hatten, so wie Geschlechter- oder Rasseungleichheiten, dem Auge des Betrachters deshalb weitgehend entzogen waren, weil diese Ungleichheiten der Weltsicht und den Interessen von Weißen, Christen und Männern dienten. Diese Ungleichheiten haben tiefe Wurzeln in der Sprache geschlagen, die nicht umsonst von demselben Personenkreis kontrolliert wird, der auch die anderen sozialen Gruppen wirtschaftlich und politisch dominiert. Frauen sind bevorzugte Opfer von Vergewaltigungen, Belästigung oder Gewalt, weil man »Tussis«, »Fotzen«, »Puppen«, »Nutten«, »Goldgräberinnen«, »Schlampen«, »Welfare queens« (vorzugsweise schwarze Sozialhilfebetrügerinnen) aus ihnen gemacht hat. Ebenso lässt sich mühelos an der Intelligenz von Afroamerikanern zweifeln, weil sie nach über zweihundert Jahren der Sklaverei zu »Auberginen« (*eggplants*), »Affen«, »Krähen«, »Mammys«, »Monkeys«, »Niggern«, »Sambos« und dergleichen herabgesetzt worden sind. Systematische soziale, ökonomische und kulturelle Zerrbilder sind tief in unser Bewusstsein und unsere Beschreibungen eingegangen. Ohne ihren Einfluss auf unsere Denkweisen hätten sie nicht einen so großen Einfluss auf uns. Politische Korrektheit heißt anzuerkennen, dass Ungleichheiten nicht nur im Wohlstandsgefälle gründen, sondern auch in unbewussten sozialen und ideologischen Mechanismen, die der Sprache anhaften.

Davon will Jordan Peterson nichts wissen. Ganz gleich, auf welche Geschichte Gruppen zurückblicken (systematische Unterdrückung, Sklaverei, Holocaust), sollen sie keine Erinnerung pflegen oder zumindest keine an Trauma und Leid. Individuen sollen sich auf eigene Faust durchschlagen, also Verantwortung für sich übernehmen, und sich nicht als Angehörige von Opfergruppen verstehen, sondern als stolze Einzelkämpfer, die für ihre Lebensumstände selbst verantwortlich sind. Die Tatsache, dass die Soziologie Individuen als gruppengeprägt betrachtet, bezeichnet er als »Kollektivismus«, und dieser Kollektivismus habe viele Menschenleben auf dem Gewissen – vermutlich eine Anspielung auf den Gulag. Sein ultimatives ›Totschlagargument‹ gegen die politische Korrektheit beruft sich auf die Natur: Hierarchien gebe es von Natur aus, und es liege gerade in der Natur von Hierarchien, dass sich die Menschen am unteren Ende der Skala sammeln (als ob Kinderarbeit, die Vorenthaltung des Wahlrechts für Frauen oder die Sklaverei einer natürlichen Ordnung entsprächen). Aus der Beschwörung der Natur folgt unweigerlich ein weiteres Argument: Wenn weiße Männer an der Spitze stehen, dann deshalb, weil sie es verdienen. Michelle Goldberg und Michael Dyson haben völlig recht, wenn sie darauf hinweisen, dass diese Annahme eines verdienten männlichen Privilegs der Schlüssel ist, um

Peterson zu begreifen, weil soziale Hierarchien für ihn Hierarchien der Kompetenz widerspiegeln, die wiederum von Natur aus bestehen. Daraus folgt natürlich, dass es unmoralisch und schädlich ist, Hierarchien in Frage zu stellen. Ideologien herrschen zu Recht vor, weil sie ... vorherrschen. Das ist so, weil Mehrheiten, nun ja ... Mehrheiten sind. Ich weiß nicht, ob sich Peterson der jahrhundertelangen philosophischen Diskussionen darüber, welche Verhältnisse Mehrheiten mit Minderheiten unterhalten sollten, eines der Grundprinzipien liberaler Demokratien, nicht bewusst ist; doch zeigt er sich im Allgemeinen so unbekümmert um Tautologien wie um die Gefahren der Herrschaft von Mehrheiten über Minderheiten. Mehr noch: In einer spektakulären Umkehrung, wie sie typisch für bedrohte Mehrheiten ist, betrachtet er jeden Versuch, Mehrheiten für die Belange von Minderheiten zu sensibilisieren, als diktatorisch. Politische Korrektheit wird so zu einer illegitimen Machtumkehr. Schließlich geht Peterson so weit, Minderheiten dafür verantwortlich zu machen, dass sie mit ihren Forderungen den Gesellschaftskörper spalten. (So viel ist wahr: Man kann keine stillschweigende Vorherrschaft mehr ausüben.) Sollte es einen Unterschied zwischen Petersons Position und dem Glauben an die Überlegenheit weißer Männer geben, dann ist er mir entgangen.

Peterson ist fest vom Ethos der Selbsthilfe überzeugt. Er glaubt an die Fähigkeit der Menschen, ihr Leben selbst in den Griff zu bekommen. Das ist einerseits eine seit dem 19. Jahrhundert bestehende klischeehafte Obsession der nordamerikanischen Kultur und andererseits einer von tausend neoliberalen Standard-Glaubenssätzen über die Macht des Denkens, das Individuum und die Verantwortung des Selbst, seine Lebensumstände zu gestalten und zu ändern – allesamt Vorstellungen, die dazu dienen, gesellschaftliche Probleme zu entpolitisieren und in die Psyche der Individuen zu verlagern. Peterson käut den individualistischen Hokuspokus von spirituellen Gurus, Psychologen und neoliberalen Slogans wider: Die Individuen haben ihr Geschick selbst in der Hand und sollten nicht lamentieren oder sich als Opfer aufspielen. Für ihr schlechtes Leben sollten sie niemand anderen als sich selbst verantwortlich machen. Erfolg ist eine Frage des Charakters. Sich in Form zu bringen und die Zähne zusammenzubeißen, das ist die tiefgründige Sozialphilosophie, die Peterson uns anempfiehlt (zu seinen berühmten zwölf Regeln gehören Ratschläge wie »Wähle deine Freunde mit Bedacht«, »Sei aufrichtig« oder »Vergleiche dich nicht mit anderen«). Petersons Weltsicht ist simpel. Weil aber so viele Menschen an sie glauben, muss man sie ernst nehmen.

## MIT RESSENTIMENTS ZUR PROMINENZ

Jede Zeit hat ihren eigenen Theoretiker, den Intellektuellen, der ihre zentralen Wünsche und inneren Konflikte zum Ausdruck bringt und rechtfertigt. Die Aufklärung hatte Kant, der Sozialismus hatte Marx, der Spätkapitalismus hatte Lyotard und Derrida – und der Trumpismus hat Jordan Peterson. Obwohl Peterson ein globales Internetphänomen ist, erfolgt sein Kreuzzug doch in Reaktion auf die US-amerikanischen »Campus Wars«. Die Windmühlen, gegen die er anrennt, heißen politische Korrektheit, Intersektionalität und »die toxische Linke«.

Nachdem Peterson Prominenz erlangt hatte, wollte ich mir seine Texte zu Gemüte führen und war auf einen überragenden Intellekt gefasst, der es im Alleingang mit der globalen akademischen Welt aufnehmen kann. Zu meiner Verblüffung aber offenbarten seine Texte und Reden etwas anderes: Seine Interventionen werden von der brodelnden Wut eines Mannes getragen, der das Gefühl hat, dass die Linken die Sprache und die Werte kontrollieren und sich der natürlichen Ordnung widersetzen. Seiner Meinung nach hat die toxische Linke zu einem moralischen Orientierungsverlust der Gesellschaft geführt. Für einen Mann, der gegen Wissenschaftskritiker vom Leder zieht, befleißigt er sich eines intellektuellen Stils, der seltsam frei von Wissenschaftlichkeit ist: Vergeblich würde man nach Nüchternheit,

Ausgewogenheit oder einer sorgfältigen Überprüfung relevanter Fakten suchen. So verzichtet Peterson beispielsweise darauf, sich mit der enormen Menge an empirischen Belegen auseinanderzusetzen, die sich in seinem eigenen Fach (der Psychologie) oder in anderen Fächern angesammelt haben und die die Allgegenwart von Diskriminierung sowie die gewaltigen Auswirkungen von Stereotypen auf das Selbstwertgefühl belegen. Er verweist nie auf anders gelagerte Daten oder Statistiken. Seine Tiraden begnügen sich damit, den Umstand anzuprangern, dass die Universitäten voll von Linken seien, Vertretern einer Linken, die seiner Meinung nach zu weit gegangen und »toxisch« ist. Ebenso wenig fundiert sind seine Behauptungen, dass allen Gesellschaften eine menschliche Hierarchie innewohnt, dass eine solche Hierarchie, also Ungleichheit, eine Eigenschaft von Mutter Natur ist, dass unterdrückte Minderheiten in Wirklichkeit keine Verantwortung für sich übernehmen, dass Mehrheitsbevölkerungen dazu berechtigt sind, die Vorherrschaft ihrer eigenen Kultur zu sichern (der Beweis? China entschuldigt sich nicht dafür, chinesisch zu sein). Zu seinem intellektuellen Stil gehört es, dass er den Gerichtshof der Wissenschaft verachtet, seine Moralpredigten aber als Wissenschaft ausgibt und gleichzeitig die Linke für ihren Mangel an Wissenschaftlichkeit geißelt. Die Belege, die er anführt, um seine Thesen zu stützen, sind nichts weiter als fantasiereiche Charakterisierungen der Natur, die als Tatsachen ausgegeben werden.

Eine Reihe von Elementen macht Peterson zu einem spezifisch trumpistischen Phänomen: Er ist das Megaphon für das männliche Ressentiment. Wie Bolsonaro, Salvini oder die polnische PiS ist Trump die Manifestation eines neuen Kriegs gegen die Frauen, der das Ziel hat, sie an den Herd zurückzubringen, um die männliche Kontrolle über den weiblichen Körper wiederzuerlangen und sich nach den angeblich in die Natur eingeschriebenen Geschlechterungleichheiten zu richten. Wo Trump die Lüge zu einem erfolgreichen politischen Stil gemacht hat, bedient sich Petersons intellektueller Stil der Arglist: Er unterstellt der Linken pauschal Behauptungen, die überhaupt nur sehr wenige machen, und ignoriert ihre zentrale moralische Position, nämlich dass manche Menschen auf der Sonnenseite und manche auf der Schattenseite des Lebens geboren werden und dass erstere letzteren helfen sollten, weil das, was wie »Glück« aussieht, oft nichts anderes ist als ein Privileg. Wie Trump ist Peterson geschickt darin, den (intellektuellen) Konkurrenten in einen Feind zu verwandeln und ihn zu dämonisieren; er verteidigt irgendeinen verlorenen Glanz von Gesellschaft und Wissenschaft; er macht das liberale Mitgefühl zum Gespött und lässt den Spencer'schen Glauben des 19. Jahrhunderts wiederaufleben, es gebe keine unverdienten Privilegien – manche Menschen seien von Natur aus zur Führung und andere zur Gefolgschaft geboren. Trump hat aus dem weißen männlichen Ressentiment eine politische Karriere gemacht, Peterson eine Internetkarriere. Wie Michael Dyson und Michelle Goldberg mehrfach aufzeigen, läuft seine Ideologie auf eine Verteidigung der verlorenen Privilegien weißer Männer heraus, die notdürftig in eine bunte Hülle von Evolution und Biologie verpackt ist.

Doch sollte Peterson – wie Trump – nicht pauschal abgetan werden; eben deshalb schreibe ich dieses Vorwort. Man sollte sich in einer verständlichen Sprache mit ihm auseinandersetzen. Geringschätzung und Verachtung – leider zwei häufige Reaktionen der Linken – sind keine verantwortungsvollen Antworten auf Jordan Peterson. Trump und Peterson sind Symptome für die soziale Distanz der Linken zu den Arbeiterklassen und für die echten Aporien, in die sich die Linke hineinmanövriert hat. Wie Trump profitiert auch Peterson von einer gewissen Erschöpfung des Liberalismus, weshalb man beide analysieren muss, auch – und gerade – wenn die Versuchung groß ist, sie einfach abzutun.

## DAS ARGUMENT FÜR POLITISCHE KORREKTHEIT

Die Linke behauptet schon lange, dass kapitalistische Demokratien zwar auf der Grundannahme beruhen, alle Menschen seien gleich geboren und sollten die gleichen Chancen auf ein gedeihliches Leben bekommen, dass jedoch soziale Hierarchien und Ausgrenzungsmechanismen diese erklärte Gleichheit konterkarieren.

Es gibt eine überwältigende Fülle an soziologischen, psychologischen und ökonomischen Belegen dafür, dass das Geschlecht, die Klasse und die Hautfarbe eines Menschen eine gewaltige Rolle dabei spielen, wie es voraussichtlich um sein Einkommen, seine Bildung, seinen Gesundheitszustand, seine Langlebigkeit und seine eheliche Stabilität bestellt sein wird. Es existieren so viele Untersuchungen, die aufgezeigt haben, wie Wohlstand an die nächste Generation weitergegeben wird, wie soziale Netzwerke dabei helfen, die Investitionen von Menschen zu befördern, wie die Hochkultur dazu beiträgt, andere auszuschließen oder abzuwerten, wie Männlichkeit zu handfesten und immateriellen Vorteilen verhilft, dass die Beweislast nunmehr bei demjenigen liegt, der etwas anderes behauptet. Weil Peterson solche Beweise nicht beibringen kann, verlegt er sich auf die Unterstellung, die liberale Linke verlange eine Gleichheit im Ergebnis. Der überwiegende Teil der herkömmlichen Linken, auf die sich Peterson bezieht, fordert aber keine Einkommensgleichheit, sondern echte Chancengleichheit: gleiche Bildungsressourcen, eine angemessene Besteuerung der Reichen und ererbten Reichtums, die Öffnung der Eliteuniversitäten für alle gesellschaftlichen Gruppen, die Bereitstellung einer soliden Infrastruktur in allen Wohngegenden. In Ermangelung adäquater politischer Strategien für eine faire Umverteilung von Wohlstand und Chancen bildeten Fördermaßnahmen zugunsten benachteiligter Gruppen, bildete also die positive Diskriminierung die einzige Möglichkeit, der gewaltigen und systematischen Verzerrung der Chancengleichheit entgegenzuwirken.

Ein Großteil von Petersons Argumentation beruht auf einem grundlegenden Fehler, bei dem unterschiedliche Bedeutungen von Wörtern verwechselt und durcheinandergeworfen werden. In seinem Fall sind dies die Begriffe »Individualismus« und »Kollektivismus«, auf denen das Hauptgewicht seiner Vorwürfe ruht. Peterson zeigt sich erschrocken über das, was er »Kollektivismus« nennt – zweifellos ein Echo der Angst und Abscheu vor allem Sowjetischen und Marxistischen aus der Zeit des Kalten Krieges. Doch versteht er unter Kollektivismus auch etwas ganz anderes, nämlich die erkenntnistheoretische Auffassung, dass Menschen Gruppen angehören und von ihnen geprägt werden. Dagegen pocht er auf den Vorrang des Individuums bei der Gestaltung seines eigenen Schicksals und empört sich über die Behauptung, dass Individuen das Produkt ihrer sozialen Klasse, Religion, ihres Geschlechts und ihrer Nationalität sein können. Die beiden Bedeutungen von Individualismus und Kollektivismus – eine epistemische und eine moralische/politische – zu verwechseln ist ein ziemlich grundlegender Kategorienfehler. Es ist eine typische soziologische These, dass Individuen sozialen Gruppen (auf der Ebene von Religion/Nationalität/Gender/Hautfarbe/sozialer Klasse) angehören; in diesem Sinne sind Soziologen erkenntnistheoretische »Kollektivisten«. Doch ist es für Soziologen (und Linksliberale) nicht weniger typisch zu glauben, dass Individuen Würde und volle Rechte zustehen und dass sie einen politischen Vorrang vor Institutionen genießen; in diesem Sinne sind sie moralische Individualisten. Diese begriffliche Unterscheidung zwischen der epistemischen und der moralischen Perspektive auf Individualismus und Kollektivismus muss man im Auge behalten. Peterson aber betet lieber das neoliberale Ethos des »sich selbst aus der Patsche Helfens« nach und wirbt für den Individualismus als eine krasse Spencer'sche Sozialphilosophie getreu dem Motto: Der Stärkere gewinnt. Er muss damit einen der zentralen epistemischen und moralischen Grundsätze von Soziologie, Philosophie, Anthropologie und Ökonomik leugnen: Institutionen und gesellschaftliche Einrichtungen prägen das Selbst langfristig und tragen erheblich dazu bei, Charakter, Selbstwertgefühl und Selbstachtung zu fördern oder zu untergraben. Praktisch jeder, der einmal ernsthaft über die Bedingungen für das menschliche Wohlergehen nachgedacht hat, ist zu dem Schluss gekommen, dass Institutionen – Familien, Bildungssystem, politisches System, Märkte – in erheblichem Maße bestimmen, wie wir uns zu uns selbst und zur Welt verhalten, welches Gefühl der Kompetenz wir haben, wie wertvoll oder wertlos wir uns fühlen.

Petersons Indienstnahme der Natur zur Rechtfertigung seiner Verachtung des Liberalismus erinnert mich an eine hellsichtige Bemerkung von Adam Phillips:

»Es gibt Gründe dafür, dass Menschen Theorien über die menschliche Natur haben (und haben wollen) – Theorien, die als universell anwendbar gelten –, wie es auch Gründe dafür gibt, dass wir essentialistische Theorien so verlockend finden. Sobald man weiß, womit man anfängt, hat man eine gewisse Vorstellung davon, was man tun kann; sobald man weiß, wovon man ausgeht, kann man sich zurechtlegen, wohin man kommen will. Aber alle essentialistischen Theorien – ob theologische, politische oder psychoanalytische – setzen voraus, dass man, um an sie glauben zu können, eine Menge anderer Dinge glauben muss (um etwa an den jüdisch-christlichen Gott zu glauben, muss man daran glauben, dass die Welt erschaffen wurde und dass es so etwas wie Allmacht gibt).«[2]

Peterson spannt die Natur für seine Zwecke ein, weil er uns von Behauptungen überzeugen will, die er nicht mit Daten erhärten kann. Auch Neurowissenschaftler zeigen die enorme Plastizität des Gehirns und seine Empfänglichkeit für Umweltreize. Zudem gibt es Aspekte der Natur, die selbst Peterson bei Menschen nicht gutheißt, zum Beispiel die Jagd nach kleineren oder langsameren menschlichen Lebewesen zu Zwecken der Ernährung oder die Fortpflanzung außerhalb der monogamen Ehe und anderes mehr. Und worin zuletzt

---

[2] Adam Phillips, »Unforgiven«, in: *London Review of Books*, 7. März 2019, https://www.lrb.co.uk/v41/n05/adam-phillips/unforgiven [10.7.2017].

auch immer die Natur des Menschen besteht, so schließt sie die horizontale Kooperation nicht weniger ein als eine Hierarchie. Sich aus der Natur die Rosinen für seine Argumentation herauszupicken, um seine politischen Ansichten zu rechtfertigen, schmeckt immer nach Autoritarismus. Wäre Ungleichheit für die menschliche Ordnung so natürlich, dann hätten wir nie Gesellschaften mit den unterschiedlichsten Graden von Ungleichheit gehabt – was darauf hindeutet, dass Gleichheit eine Frage von Institutionen und ihrer Gestaltung ist. Genauso wenig würden wir über ein quasi angeborenes Gefühl für Ungerechtigkeit verfügen, wie es etwa die Experimente Frans de Waals mit Menschenaffen zeigen. Entscheidender noch: Gleichen Gesellschaften geht es im Allgemeinen weitaus besser als ungleichen. Weniger gleiche Gesellschaften wie Großbritannien und die Vereinigten Staaten schlagen sich mit einer größeren Zahl an sozialen Geißeln (wie mangelnder Gesundheitsversorgung, überhöhten Wohnkosten, hohen Kriminalitätsraten und sogar einer geringeren Gesamtproduktivität) herum als ihre gleicheren skandinavischen Gegenstücke.

Wie die meisten, die Gleichheit verachten, beruft sich Peterson wiederholt auf ein voluntaristisches Ethos der Selbsthilfe: Arbeite hart an dir selbst, und du wirst alles erreichen können, was du willst; sei stoisch genug, und du wirst jede Verletzung verwinden können, die man dir womöglich zugefügt hat. Der Grund, warum so viele an diese reine Fiktion glauben, ist, dass moderne Menschen gleichsam in Glaskästen leben: Der Kasten hat Wände (die Einschränkungen der eigenen sozialen Position, Hautfarbe, Klasse, Einkommensverhältnisse, Bildung), die freilich durchsichtig sind, sodass wir durch sie hindurch das Leben mächtiger Anderer sehen und das Gefühl bekommen, dieses Leben sei uns nahe und liege im Bereich unserer Möglichkeiten. Weil wir immer nur Individuen sehen und nicht die Gruppen, die sie hervorgebracht haben (denn Gruppen sind abstrakte Größen), können wir die Festigkeit der Wände um uns und andere herum leicht vergessen. Die transparenten Wände werden unsichtbar, und was unsichtbar wird, scheint gar nicht zu existieren. Das einzige, was von dem Glaskasten bleibt, ist unsere Fähigkeit, das Leben der Individuen zu beobachten, die wir nachahmen sollen, jene Handvoll Menschen, die der Beweis dafür zu sein scheinen, dass die Wände nicht existieren. Weil wir die Millionen nie zu sehen bekommen, die sich große Mühe gegeben und hart dafür gearbeitet haben, die durchsichtigen Wände um ihr Leben zu durchbrechen, und daran gescheitert sind, konzentrieren wir unsere Aufmerksamkeit auf die Bill Gates der Welt und pflegen die Illusion, dass wir alle Bill Gates werden können. Leute wie er scheinen ihre Reichtümer durch ihren Willen und Charakter verdient zu haben, glauben wir, weil wir die Millionen nicht *sehen*, die sich vergeblich bemüht haben, und weil wir die sozialen Netzwerke, die Bildungsvoraussetzungen, das ökonomische Kapital und das schiere Glück nicht sehen können, alle diese Faktoren, die es den Mächtigen ermöglichten zu werden, was sie sind.

Die Vorstellung, harte Arbeit sei die einzige Erklärung für Erfolg, wird seit dem 19. Jahrhundert zwanghaft immer wieder aufgewärmt und hätte die empirischen Gegenbeweise niemals überlebt, würde sie nicht durch eine respekteinflößende, milliardenschwere Industrie von Psychologen, Gurus und Selbsthilfebüchern befördert. Wenn du meine Techniken erlernst, wird dich nichts mehr davon abhalten, deinen Traum zu verwirklichen, flüstert uns diese Industrie ein. Auch eine durchsichtige Mauer aber bleibt eine Mauer. Peterson indessen geht über das erdrückende Beweismaterial für die soziale Reproduktion – die Tatsache, dass soziale Gruppen sich zu reproduzieren pflegen und dass das Selbst dauerhaft verletzt und beschädigt werden kann – einfach hinweg.

Peterson beschwört die Notwendigkeit einer »großen vereinigenden Erzählung mit geringer Trennschärfe«. Wir bräuchten diese große Erzählung, behauptet er, für den sozialen Frieden. Diesem frommen Wunsch will ich mich gerne anschließen (wer hätte nicht gerne eine große Erzählung der Solidarität?), aber wie genau er die heutigen weißen Rassisten mit den Nachfahren von Sklaven, wie er Neonazis mit Juden vereinigen will, bleibt unserer Fantasie überlassen. (Wie Trump, der hinaustrompetet, dass er Amerika wieder zu alter Größe verhelfen will, will Peterson, dass sich brutal beherrschte Gruppen wieder mit ihren Ausbeutern solidarisieren.)

Zu guter Letzt sollten wir uns daran erinnern, dass es überaus triftige Gründe dafür gibt, die Sprache, die wir verwenden, zu hinterfragen, also das zu betreiben, was man für gewöhnlich politische Korrektheit nennt. Die Sprache trägt die Spur sozialer Ungerechtigkeiten, sie legitimiert diese und macht sie unsichtbar. Das Hebräische, das Englische und das Französische (und wahrscheinlich viele andere Sprachen) gebrauchen dasselbe Wort für den Geschlechtsverkehr eines Mannes mit einer Frau und die Überwindung eines Gegners durch Kraft oder Tücke (I »screwed« him/her; il m'a »baisé(e)/niqué(e)«). Dass dasselbe Wort Geschlechtsverkehr und Gewaltanwendung bedeuten kann, ist nur ein Beispiel dafür, wie Wörter mit einer bestimmten Perspektive (der des Mannes) behaftet sein und die Sexualität in einen Schauplatz der Macht und des Kampfs überführen können. Die Sprache ist in soziale Strukturen und Hierarchien eingebettet, und durch die Sprache lernen wir diese Hierarchien kennen, akzeptieren wir sie und sehen sie am Ende nicht einmal mehr. Deshalb ist es kein Wunder, wenn viele Gruppen es vorziehen, dass in einer respektvollen Sprache über sie gesprochen wird. Niemand würde die Tatsache bestreiten, dass Wörter wie Nigger, Shylock oder Fotze die Verdinglichung ganzer Gruppen mit sich bringen. Solche Wörter existieren nicht in einem luftleeren Raum. Sie kontaminieren andere Wörter und Ausdrücke. Die Sprachregelungen der politischen Korrektheit rühren von der Erkenntnis her, dass das Selbst symbolisch durch Sprache verletzt werden kann; symbolische Gewalt hat Pierre Bourdieu dies genannt. Wenn die American Academy of Arts and Letters Hochsprache und vulgäre Sprache, zulässige und unzulässige Sprache unterscheidet, protestiert niemand dagegen, da sie schon immer eine männliche Institution war, die man dazu ermächtigt hat, erlaubte und missbilligte Sprache zu definieren. Dieses Vorrecht aber wird heiß umkämpft, wenn Minderheitengruppen Mitsprache am angemessenen Gebrauch einer Sprache beanspruchen, deren Regeln sie nie bestimmen konnten. Herrschaftsstrukturen sind tief und fest in der Psyche verankert, und es braucht schon einen beharrlichen Akt des Willens, um die in Wörter eingelassenen Hierarchien abzuschütteln. Die Sprache ist nicht nur ein Gefängnis, sondern auch ein Land, das sich diejenigen aneigneten, die es zuerst besiedelten. Minderheiten fechten nunmehr das Recht der Erstankömmlinge an und fordern einen Teil jenes Landes, das heißt, sie wollen die Sprache von ihrer Erfahrung und ihrem Standpunkt aus neu definieren.

# DIE APORIEN DER POLITISCHEN KORREKTHEIT

Oben war von der Entkopplung von Demokratie und Kapitalismus die Rede sowie von den Aporien der Identitätspolitik. Die Identitätspolitik hat ihre Arbeit getan und viele Glaswände zertrümmert. Die Aporien sind echte Sackgassen, und Petersons Einfluss und Erfolg erklären sich wahrscheinlich zum Teil aus dem Umstand, dass er mit dem Finger auf sie zeigt. Seine Diskussionspartnerin Michelle Goldberg versteht den Charakter dieser Aporien indes sehr genau.

Scharfsinnig beschreibt Richard Rorty den Kerngedanken postmoderner Theorie als das Ansinnen, dass wir »die Korrespondenztheorie der Wahrheit aufgeben und damit anfangen, moralische und wissenschaftliche Überzeugungen als Werkzeuge zur Herstellung größeren menschlichen Glücks aufzufassen und nicht als Darstellungen des Wesens der Wirklichkeit«.[3]

Dies ist eine treffende Einschätzung des Projekts, das hinter der politischen Korrektheit steht. Seine Übertragung in die allgemeine Kultur führte allerdings zu einer unbedachten, leichtfertigen Auffassung von »Wahrheit als Macht« und zu einem allgemeinen Skeptizismus. Ein solches Verständnis von Wahrheit als Macht bewirkte

---

[3] Richard Rorty, *Stolz auf unser Land. Die amerikanische Linke und der Patriotismus*, übers. von Hermann Vetter, Frankfurt am Main: Suhrkamp 1999, S. 93.

eine spektakuläre Umkehrung: Während die Wahrheit in der Aufklärung als Waffe gegen Aberglaube und politischen Autoritarismus diente, gilt heute der Angriff auf die Wahrheit als moralisch (und jede Gruppe oder Einzelperson hat das »Recht« auf ihre eigene Wahrheit). Damit wurde zugleich die Bedeutung der Unterscheidung zwischen Wahrheit und Lüge eingeebnet. Ohne die Möglichkeit von Wahrheit jedoch gibt es kaum noch einen Standpunkt, von dem aus man sich gegen die trumpistische Demagogie, gegen »alternative Fakten« und das Postfaktische zur Wehr setzen könnte.

Auch kann kein Zweifel daran bestehen, dass die systematische Kritik alles Westlichen moralisch und emotional unhaltbar wird, da sie jegliche Quelle kollektiven Stolzes für Westler untergräbt und alle Quellen des Stolzes für Nichtwestler als berechtigt ansieht (und seien sie streng nichtchristlich religiös oder nichtwestlich nationalistisch). Es ist keine Überraschung, dass Stolz ein Schlüsselelement der Politik des Populismus bildet, weil eben vieles von dem, was sich als linke Kritik ausgibt, diverse traditionelle Quellen des Stolzes lächerlich gemacht hat, insbesondere die nationale. Diese Asymmetrie ist nicht länger haltbar und nimmt der Linken jede Fähigkeit, die Arbeiterklassen zu repräsentieren. Kosmopolitismus und Internationalismus für die eigenen, westlichen Staatsangehörigen und nationalistischer/religiöser Stolz für die anderen, nichtwestlichen Gruppen – aus dieser Mischung lässt sich schwerlich eine schlüssige Politik ableiten. Wie verheerend die Geschichte des Kolonialismus auch sein mag, die ewige Verurteilung alles Westlichen wird die Linke nicht in die Lage versetzen, den gewöhnlichen Anspruch arbeitender Menschen auf Stolz und die Anerkennung ihrer Werte zu repräsentieren. Mit Selbstgeißelungen gewinnt man keinen festen Boden für politisches Handeln mehr.

Nicht zuletzt sind manche Formen politischer Korrektheit beunruhigend undemokratisch. Das Aufkommen des Begriffs der »Mikroaggression« ist hierfür ein gutes Beispiel.

Der Begriff Mikroaggression wurde von dem afroamerikanischen Psychiater Chester Pierce geprägt und stand für die vielen beiläufigen Weisen, auf die Angehörige von Minderheiten regelmäßig abqualifiziert werden. Wie ihr Name schon sagt, sind Mikroaggressionen kein schreiender Ausdruck von Rassismus oder Frauenfeindlichkeit. Sie sind vielmehr ein zweideutiger Ausdruck der Animosität und Zurückweisung, wie in »Courtney, ich sehe Sie gar nicht als eine schwarze Frau« oder »Du verhältst dich aber nicht wie ein normaler Afroamerikaner, weißt du?« oder »Sie sind nicht wirklich asiatisch.«[4] All diese scheinbar harmlosen Bemerkungen sind herablassend, kategorisierend und stereotypisierend, selbst wenn manche von ihnen freundlich

---

[4] Heben Nigatu, »21 Racial Microaggressions You Hear On A Daily Basis«, *BuzzFeed*, 9. Dezember 2013, https://www.buzzfeed.com/hnigatu/racial-microaggressions-you-hear-on-a-daily-basis [10.7.2017].

gemeint sein mögen. »Mikroaggression« diente ursprünglich zur politischen Beschreibung einer Interaktion; doch führt man den Terminus zunehmend an, um jedes psychische Unbehagen in eine politische Sprache zu kleiden. Damit werden politische Erfahrungen in banale psychologische Ereignisse überführt und dem subjektiven, psychischen, privaten Selbst erworbene Rechte zugesprochen. Wendy Brown hat dies auf den Punkt gebracht: Es gibt Momente, in denen man aufhören muss, in die Erinnerung des leidenden Selbst zu investieren, damit man in ein demokratisches Selbst investieren kann. Die Konzentration auf Mikroaggressionen neigt dazu, die Identität um die Erinnerung und ihre Wunden erstarren zu lassen. Damit verfestigt sich wiederum eine rigide Vorstellung von Identität, die das Selbst verengt und blind für seine eigene Vielfalt macht, die Entwicklung von Solidarität systematisch erschwert und das Psychologische mit dem Politischen verwechselt.

Politische Bewegungen müssen sich, wie jede einzelne, ihre Kämpfe genau aussuchen. Keine einzelne Person und keine Bewegung können jemals alle Kämpfe gleichzeitig austragen. Wir brauchen eine Hierarchie der Übel, damit wir das verheerendste wirksam bekämpfen können. Sind die Kränkungen, denen viele von uns täglich ausgesetzt sind, wirklich ein größeres Übel als Armut oder Gewalt? Das bezweifle ich.

Um die Mischung aus Ohnmacht und Kleinlichkeit, durch die die Politik der Mikroaggression entstellt werden kann, weiter zu veranschaulichen, können wir einen Vorfall an der Universität Oxford heranziehen. Die Universität brachte einen Newsletter heraus, der eine »Vermeidung des Blickkontakts« als Mikroaggression kennzeichnete. Kurz nach der Veröffentlichung erhielt sie eine wütende Beschwerde, der zufolge die Vermeidung eines Blickkontakts das unfreiwillige Merkmal einer autistischen Person sein könne. Die Gleichsetzung von Mikroaggression und mangelndem Blickkontakt erwies sich ihrerseits als eine Mikroaggression gegen Autisten.

Die Universität Oxford hat sich für die Aussage entschuldigt, die Vermeidung eines Blickkontakts könne »Alltagsrassismus« darstellen, nachdem man ihr die Diskriminierung autistischer Personen vorgeworfen hatte.

Die Behauptung war in einer Liste von »rassistischen Mikroaggressionen« im Newsletter eines Referats für Gleichheit und Vielfalt aufgeführt worden.

Doch wurde die Universität für ihre »mangelnde Sensibilität« gegenüber autistischen Menschen kritisiert, denen es schwerfallen kann, Blickkontakt aufzunehmen.

Die Universität gab an, sie habe einen Fehler begangen und Behinderungen nicht berücksichtigt.[5]

Der Vorfall illustriert die Endlosschleifen an Entschuldigungen und Wunden, die potenziell einem immer größeren Kreis von Personen zugefügt werden, der dann behaupten kann, man habe ihn diskriminiert, nicht respektiert oder außer Betracht gelassen – womit die ursprüngliche politische Kraft der politischen Korrektheit zunehmend banalisiert wird. Diese Politik ist am Ende zutiefst irregeleitet, da sie Unterdrückung mit Unbehagen, Diskriminierung mit gewöhnlicher Grobheit vermengt und weder auf genuine soziale Missstände verweist noch Solidarität schafft, die unerlässliche Voraussetzung von Politik. Eine solche Politik ist nicht radikal. Sie besteht einfach auf den Vorrechten der Subjektivität und pocht immer nachdrücklicher darauf, dass dieser kein Unbehagen bereitet werden dürfe, welches sie mit einer kollektiven Misere verwechselt.

Politische Korrektheit war einmal ein Medikament (von vielen) gegen die Krankheit der Ungleichheit und sozialen Diskriminierung. Wie viele starke Medikamente hat sie unweigerlich unerwünschte Nebenwirkungen, von denen einige die ursprüngliche Absicht und das Projekt der politischen Korrektheit selbst verändern. Sollten

---

[5] »Oxford University sorry for eye contact racism claim«, *BBC News*, 28. April 2017, https://www.bbc.com/news/uk-england-oxfordshire-39742670 [10.7.2019].

wir aber der Krankheit den Vorzug geben? Die meisten von uns würden zur Behandlung einer Krankheit das Medikament mit den Nebenwirkungen bevorzugen, die Chemotherapie dem Krebs. Wie unerwünscht die Nebenwirkungen – in unserem Fall Tadelsucht, Selbstgerechtigkeit, Selbstviktimisierung, Psychologisierung – auch immer sein mögen, sollten sie nicht dazu führen, dass wir die deutlich fataleren sozialen Krankheiten der Ungleichheit und der Unterdrückung vergessen.

*Aus dem Englischen von Michael Adrian*

# VORGESPRÄCHE MIT DEM MODERATOR RUDYARD GRIFFITHS

## MICHAEL ERIC DYSON

**RUDYARD GRIFFITHS:** Als ersten Teilnehmer unserer Debatte begrüßen wir Michael Eric Dyson, Autor zahlreicher Bücher zur Rassenthematik in den Vereinigten Staaten, unter anderem zu Malcolm X, Martin Luther King. Dyson unterrichtet Soziologie an der Georgetown University in Washington DC und moderiert Rundfunksendungen.

Mr. Dyson, politische Korrektheit ist eine der großen kulturellen Streitfragen unserer Zeit. Ich bin mir sicher, dass Sie nicht alles unterschreiben würden, was unter dem Schlagwort gehandelt wird, aber inwieweit ist diese Diskussion Ihrer Ansicht nach ein Beleg für den Fortschritt unserer Gesellschaft?

**MICHAEL ERIC DYSON:** Wir vergessen gern, dass es die Linke war, die den Gedanken der politischen Korrektheit aufgebracht hat. Sie hat ihn nicht erfunden, aber sie hat darauf bestanden, dass wir achtsam und vorsichtig sein müssen. Gleichzeitig sollten wir nicht so überempfindlich sein und bestimmte Handlungen übertreiben oder entschuldigen. Dann hat die Rechte den Gedanken gekapert, und heute scheinen viele mit dem Stichwort »politische Korrektheit« zu verbinden, dass sie den Mund nicht mehr aufmachen dürfen wenn sie sich über etwas aufregen, und dass sie ihre bigotten Meinungen nicht mehr aussprechen dürfen. Dass sie andere nicht mehr beleidigen dürfen, dass sie mit Frauen nicht mehr so sprechen dürfen wie früher, dass sie Juden und Muslime nicht mehr kritisch anschauen dürfen und so weiter.

Man darf nichts mehr sagen und alles sei so »politisch korrekt«. Aber in anderen Bereichen legen wir ja auch großen Wert auf Korrektheit. Wenn Ihre Gehaltsabrechnung nicht korrekt ist, dann sind Sie ja auch sauer. In vielen Bereichen pochen wir auf Korrektheit. In der Politik gibt es natürlich kein exaktes Maß dafür, was korrekt ist. Also, ich gehöre einem Volk an, das oft gegen den Strich argumentiert hat und das nicht vom Mainstream beschützt wurde. In unseren Ohren klingt politische Korrektheit so, als wollten die Leute an derselben Borniertheit festhalten, die unser Land so lange ausgezeichnet hat.

Hilfreicher ist es, selbstkritisch zu sein, eine Bestandsaufnahme vorzunehmen, uns selbst zu prüfen und zu überlegen, ob wir es uns vielleicht zu einfach machen. Ich unterrichte an der Universität, und deshalb sehe ich es kritisch, wenn Leute derart empfindlich werden, dass wir gar nicht mehr zu den schwierigen Fragen vordringen können.

Nehmen wir ein Thema aus dem wirklichen Leben, zum Beispiel Polizeigewalt. Ich gebe eine Warnung aus: »Hier ist es. Es kommt. Lasst uns drüber sprechen.« Ich will gar nicht in Abrede stellen, dass junge Menschen geschützte Räume und Warnhinweise brauchen, aber Universitäten sind Orte des Lernens, und manchmal müssen wir uns eben mit Gedanken auseinandersetzen, die uns nicht gefallen. Ich bin der Überzeugung, dass wir mehr Meinungen brauchen, nicht weniger, und dass wir uns mit den Meinungen anderer auseinandersetzen müssen.

Das ändert nichts daran, dass bestimmte Meinungsäußerungen volksverhetzend sind und Hass schüren. Aber ich glaube auch, dass wir nur dann vorankommen, wenn wir uns mit den schwierigen Themen auseinandersetzen, und wenn wir sagen: »Ja, das ist interessant, damit können wir etwas anfangen.«

**RUDYARD GRIFFITHS:** Von der Gegenseite könnten Sie heute Abend das Argument hören, dass es gar keine Privilegien gibt – Privilegien für Weiße, für tendenziell Bessergestellte, für Männer, wie es eben Ihre Kontrahenten heute Abend sind. Sie könnten in Abrede stellen, dass Ihre Stimme vor dem Hintergrund Ihrer historischen Erfahrung verstanden werden muss und dass Ihre Erfahrung eine ganz andere ist als die Ihrer Gemeinschaft. Wie reagieren Sie auf die Spannung, die Angst und die Wut, die das Thema bei vielen Menschen weckt?

**MICHAEL ERIC DYSON:** Es ist schon verwunderlich, wenn Leute, die von Privilegien profitiert haben, heute wütend werden, wenn man sie darauf hinweist. Ich staune vor allem über weiße Männer der unteren Mittelschicht, die Studenten als Jammerlappen verunglimpfen. Wer sind denn die größten Jammerlappen? Genau diese weißen Männer. »Mami, die nehmen uns unsere Spielsachen weg. Die wollen jetzt mit unseren Sachen spielen. Aber die gehören doch mir!«

Soll das ein Witz sein? Sie sind ein weißer, gesunder, heterosexueller Mann, und ich bin ein schwarzer Mann. Habe ich einen Vorteil davon, dass ich ein Mann bin? Natürlich, ich lebe in einer patriarchalen, einer von Männern dominierten Gesellschaft. Nicht zahlenmäßig, wohl aber in Hinblick auf ihre Einstellung, Ideologie und Philosophie.

Wenn ich jetzt höre, wie weiße Männer klagen und jammern, wenn das Thema Privilegien zur Sprache kommt... Darüber werde ich heute Abend sprechen, aber an dieser Stelle möchte ich Keyser Söze zitieren: Den genialsten Streich hat uns der Teufel gespielt, als er vorgab, dass es ihn nicht gibt. Das ist das Privileg der weißen Männer. Ihr genialster Streich ist es, uns einreden zu wollen, dass es dieses Privileg nicht gibt. »Wie? Was? Was sollen wir haben?«

Aber ich sage Ihnen, was sie haben: Sie haben die meisten Banken, sie regieren die meisten Länder, sie kontrollieren die meisten Universitäten und sie haben riesige Vorteile. Was die meisten Leute nicht verstehen: Dass weiße Männer an sich privilegiert sind, heißt nicht automatisch, dass alle weißen Männer privilegiert sind. Es heißt, dass sie immer einen Schritt voraus sind. In den Vereinigten Staaten gab es die Rassentrennung, die Jim-Crow-Gesetze. Es gab Trinkbrunnen für Weiße und Trinkbrunnen für Schwarze, die Weißen hatten die meisten Mittel, aber das hat nicht bedeutet, dass alle Weißen diese Mittel hatten. Es bedeutet nur, dass die Weißen allgemein bessere Erfolgsaussichten hatten.

Dieser Vorsprung kann ja durchaus auch ein Problem sein. »Was, du bist weiß und hast trotzdem versagt? Was ist denn mit dir los? Du bist mit einem Vorsprung ins Rennen gegangen.«

Wirtschaftliche Ungleichheit ist eine Tatsache, und genauso ist es eine Tatsache, dass eine Wirtschaftskrise alle betrifft. Deswegen haben wir Mitgefühl mit Weißen, die benachteiligt sind. Aber was ist, wenn nur Ihre Leute am Spiel teilnehmen dürfen? Babe Ruth hat seine Rekorde nicht gegen die besten Baseballspieler geschlagen. Er hat sie gegen die besten weißen Baseballspieler erreicht.

Heute sehen wir, dass Latinos und Afroamerikaner genauso gut sind wie die weißen Jungs und dass sie es mit ihnen aufnehmen. Wie Jesse Jackson sagt, wenn die Chancen gleich und die Regeln klar sind, dann müssen die Weißen der Tatsache ins Auge sehen: »Wir hatten es ja die ganze Zeit besser. Wir haben das Spiel kontrolliert.

Wir haben Schwarze erst gar nicht nach Harvard, Yale und Princeton gelassen.« Stimmt's?

Was sagen die weißen Männer jetzt? Sind sie verbittert? Natürlich! Aber ist diese Verbitterung eine Messlatte dafür, wie berechtigt die Klage ist? Nein. Sie jammern eben. Jeder ist sauer, wenn er ein Privileg aufgeben muss. Wie die großen Rapper sagen: »Sag ihnen, warum du wütend bist, Bruder!«

Nichts gegen meine Kontrahenten heute Abend, aber dieses Spiel ist ausgespielt. Im Westen hattet ihr drei- oder vierhundert Jahre lang das Sagen, ihr habt die Aufklärung missbraucht, um euren Anschlag auf das Leben anderer zu rechtfertigen. Ihr hattet Sklaverei, ihr hattet Rassentrennung. Worüber beschwert ihr euch? Jetzt müsst ihr teilen.

Wie der Typ, der hier in Toronto, auf der Yonge Street, mit einem Kleinlaster in die Menge gerast ist, weil er keine Freundin abbekommen hat. Warum lernst du nicht, wie das Spiel funktioniert? Wie man mit Frauen spricht? Mach es wie alle anderen auch. Geh tanzen, hol dir 'nen Korb. Geh raus und probier's wieder. So kommen die meisten von uns am Ende unter die Haube. So läuft das Spiel.

Aber Weiße haben das Gefühl, sie hätten ein zusätzliches Privileg oder mehr Rechte. Aber das ist falsch. Deswegen halte ich das Argument eher für dürftig.

**RUDYARD GRIFFITHS:** Sie könnten heute Abend noch ein anderes Argument hören: Indem Sie Themen wie Hautfarbe und Geschlecht in den Mittelpunkt der politischen Debatte rücken und behaupten, dass unsere Identität eng damit zusammenhängt, provozieren Sie Stammesdenken und machen es unmöglich, gemeinsame Ziele zu verfolgen. Was halten Sie davon?

**MICHAEL ERIC DYSON:** Also, wir wollen ja nur wie Weiße sein. Es tut mir leid, wir wollen so sein wie ihr! Wer hat denn damit angefangen? Jedenfalls nicht die amerikanischen Ureinwohner.

Wenn ich in die Geschichtsbücher schaue, dann sieht es doch so aus, dass die Weißen die Hautfarbe erfunden haben. Und jetzt, wo es aus dem Ruder läuft und sie nicht mehr die alleinigen Autoren der Geschichte sind, jetzt regen sie sich auf?

Die Hautfarbe ist keine Erfindung von Afrikanern oder Latinos. Gender ist keine Erfindung der Frauen. Männer haben diese Schubladen erfunden, die uns unser Menschsein absprechen. Warum wir die Hautfarbe in den Mittelpunkt stellen? Weil wir dazu gezwungen werden. »Es tut mir ja so leid, dass ich die Hautfarbe in den Mittelpunkt stelle, weil Sie mich als Polizist auf der Straße erschießen. Oder weil Sie die Polizei rufen, wenn ich beim Starbucks zur Tür reinkomme. Oder wenn ich grille.« Wer stellt denn die Hautfarbe in den Mittelpunkt? Ich will doch bloß grillen!

Oder: »Ich bin ein zwölfjähriger Junge in Cleveland und spiele mit meiner Spielzeugknarre, und Sie kommen und erschießen mich.« Wer stellt denn die Hautfarbe in den Mittelpunkt? Unsere Freunde auf der Rechten wollen, dass wir so tun, als gäbe es das alles nicht. Sie wollen, dass wir im Land der Amnesie leben, wie Gore Vidal es nennt.

Aber wir können nicht so tun, als gäbe es das alles nicht. Wir können nicht einfach die Augen verschließen und sagen: »Lasst uns nicht über Hautfarbe und Klassenzugehörigkeit sprechen, weil uns das spaltet.« Weiß war lange die Standardeinstellung. Das braucht kein Coming-out. Weiß musste sich nicht zu seinem Weiß-Sein bekennen. Wer herrscht, muss sich nicht dazu bekennen. Das ist einfach so. Wie die große Philosophin Beyoncé Knowles sagte, als sie Colin Kaepernick eine Auszeichnung überreichte: »Jemand hat gesagt, Rassismus ist so amerikanisch, dass, wenn man den Rassismus angreift, es so aussieht, als würde man Amerika angreifen.«

Das heißt, die Vereinigten Staaten werden mit bestimmten Praktiken, Gruppen und Stammesidentitäten gleichgesetzt. Aber ist das denn kein Stammesdenken, wenn eine Kultur einen Kult um mythischen Individualismus und Männlichkeit begründet? Aber was ist, wenn sich diese Männlichkeit als toxisch und unzureichend erweist, und wenn sie nicht in der Lage ist, die Ideen hervorzubringen, die wir als Nation brauchen, und wenn sich das Patriarchat als Vorstellung aus der Vergangenheit erweist? Dann fangen die Schuldzuweisungen an, und genau die Leute, die das Spiel erfunden haben, sind sauer, weil das Spiel außer Kontrolle gerät.

Aber *ihr* habt das Spiel erfunden. Ihr habt Monopoly erfunden, und jetzt seid ihr wütend, dass ihr kein Geld mehr habt. Aber das sind die Regeln, ihr habt sie erfunden. Aber wenn wir jetzt über Hautfarbe oder Klasse oder Geschlecht oder sexuelle Orientierung oder »Andersartigkeit« sprechen, dann stellen wir hoffentlich das Menschsein der anderen in den Mittelpunkt.

Deswegen ist es ganz wichtig, darauf hinzuweisen, dass es die Weißen waren, die die Hautfarbe erfunden haben. David Hume, Immanuel Kant und viele andere große Denker haben ihren Scharfsinn darauf verwendet, ihre Stammesidentität zu verteidigen. Und Thomas Jefferson hat tagsüber seine *Notes on the State of Virginia* verfasst und darin die »Denkfähigkeit des Negers« angezweifelt, und nachts ist er mit Sally Hemings ins Bett gestiegen. Da haben die Lenden über den Kopf gesiegt, Gott sei Dank.

Wenn wir uns ansehen, wie die Vorstellung der weißen Identität entstanden ist oder wie kanadische, amerikanische oder europäische Identitäten entstanden sind, dann wird klar, dass für die Weißen hier einiges auf dem Spiel steht. Das war ihre Erfindung, und jetzt, da die Sache aus dem Ruder läuft und ihnen nicht mehr so nutzt wie früher, jetzt beschweren sie sich.

Aber sie übertreiben ihre Opferrolle. Damit komme ich noch einmal auf die weißen Männer, die andere als Jammerlappen bezeichnen – ich habe nie so eine Jammer-Kultur erlebt. Sie könnten ihr eigenes Jammertal haben. Das ist so erstaunlich! Aber wir müssen es beim Namen nennen.

# MICHELLE GOLDBERG

**RUDYARD GRIFFITHS:** Michelle Goldberg ist Kolumnistin der *New York Times*, Autorin von preisgekrönten Biografien und Büchern zum politischen Zeitgeschehen sowie Fernsehkommentatorin. Verraten Sie uns doch, was heute Abend Ihr Standpunkt sein wird.

**MICHELLE GOLDBERG:** Als Sie mir das Thema vorgeschlagen haben, habe ich ein wenig gezögert, weil vieles von dem, was unter das Stichwort »politische Korrektheit« fällt, in meinen Augen keinen Fortschritt darstellt. Das werde ich auch in der Debatte selbst erklären. In meinen Meinungsartikeln gehe ich sehr kritisch mit Redeverboten und anderen Auswüchsen der Social-Justice-Kultur an den Universitäten um.

Aber es fällt mir ein wenig leichter, in dieser Diskussionsrunde für politische Korrektheit einzutreten, weil das, was unsere Kontrahenten, vor allem Jordan Peterson, unter politischer Korrektheit verstehen, für mich definitiv unter Fortschritt fällt.

Peterson beschreibt fast jeden Versuch, die Diskriminierung von Frauen oder Minderheiten anzusprechen oder zu korrigieren, als politisch korrekten Anschlag auf die natürliche Ordnung.

Auf Stephen Fry trifft das deutlich weniger zu. Zwischen ihm und mir gibt es vermutlich mehr Überschneidungen, obwohl ich nicht mit ihm übereinstimme, wenn er sich so sehr dagegen stemmt, historische Figuren, die wir heute ablehnen, vom Sockel zu stoßen. Ich glaube, dass sich Kulturen verändern und dass wir ein Recht haben, selbst zu entscheiden, wen wir ehren.

**RUDYARD GRIFFITHS:** Möglicherweise werden Sie heute Abend von Mr. Fry oder Mr. Peterson das Argument hören, dass das Individuum und sein Recht auf Selbstbestimmung und Meinungsäußerung im Zentrum der Aufklärung und der westlichen Kultur steht – und zwar unabhängig davon, ob unterdrückte Gruppen dadurch in Mitleidenschaft gezogen werden. Wo stehen Sie in dieser Debatte?

**MICHELLE GOLDBERG:** Das Interessante ist, dass die Teilnehmer der Debatte aus drei verschiedenen Ländern stammen und dass diese drei Länder Themen wie Volksverhetzung und das Recht auf freie Meinungsäußerung ganz unterschiedlich handhaben. In den Vereinigten Staaten gibt es das Recht auf freie Meinungsäußerung, und in Kanada und Großbritannien gibt es Gesetze zur Volksverhetzung, die in den Vereinigten Staaten nie funktionieren würden und die mir fremd sind.

Ich bin kein Fan von Gesetzen gegen Volksverhetzung. In dieser Hinsicht bin ich eher liberal eingestellt. In meinen Augen besteht kein Widerspruch zwischen den Rechten des Individuums und der Gruppe. Wenn

Gruppen Opfer von Diskriminierung werden, dann hindert das ihre Angehörigen daran, sich als Individuen auszudrücken und ihr Potenzial voll zu entfalten.

Ohne politische Bewegungen, die sich für die Rechte von bestimmten Gruppen einsetzen, gäbe es keine Rechte für individuelle Frauen und Farbige, denn nur diese erlauben es den Angehörigen dieser Gruppen, sich selbst zu verwirklichen. Deshalb sehe ich keinen Widerspruch zwischen der Freiheit des Individuums und politischen Bewegungen, die für die Bürgerrechte von Gruppen eintreten. Ich würde sogar sagen, unsere Position ist die der Aufklärung.

**RUDYARD GRIFFITHS:** Meinen Sie die Menschenwürde und die Förderung von Vielfalt?

**MICHELLE GOLDBERG:** Der Gedanke, dass wir die Kultur verändern können und uns bei der Ausweitung der menschlichen Freiheiten nicht an überkommene Strukturen halten müssen – das ist ein Gedanke der Aufklärung. Die Vorstellung, die sich durch die gesamte Arbeit von Jordan Peterson zieht, dass die gesellschaftliche Ordnung zerbrechlich ist und dass sie um jeden oder fast jeden Preis erhalten werden muss, diese Vorstellung scheint mir viel eher im Widerspruch zur Aufklärung zu stehen.

**RUDYARD GRIFFITHS:** Sie haben viel zum Thema Identitätspolitik geschrieben. Was halten Sie von der Kritik, dass wir uns die Fähigkeit nehmen, einen gemeinsamen Nenner zu finden, Konsens herzustellen und gemeinsame Ziele zu verfolgen, wenn wir Hautfarbe, Geschlecht und Klassenzugehörigkeit in den Mittelpunkt stellen? Nach Ansicht von Jordan Peterson und vielleicht auch von Stephen Fry wirkt dieses Stammesdenken destruktiv.

**MICHELLE GOLDBERG:** Es ist interessant, dass Sie das so formulieren, denn zumindest in den Vereinigten Staaten hört man ja oft, dass die Betonung von Geschlecht, Hautfarbe und sexueller Orientierung auf Kosten einer Politik geht, die für wirtschaftliche Gleichstellung von benachteiligten Klassen eintritt, oder? Zur Politik gehören nun einmal widerstreitende Gruppen und Interessen. Die Frage ist nur, welche Gruppen.

In den Vereinigten Staaten wird oft kritisiert, dass Identitätspolitik, Hautfarbe und Geschlecht häufig auf Kosten der klassischen Sozialpolitik gehen und die Koalition des New Deal ausgehöhlt habe. Und es stimmt, in den Vereinigten Staaten ist das Bündnis des New Deal an den Klippen der Rassenpolitik zerschellt, es ist mit dem Aufstieg der Bürgerrechtsbewegungen zerbrochen. Da muss man durch, wenn man nicht dauernd sagen will, dass die Rechte von Frauen und ethnischen Minderheiten zurückstehen müssen.

**RUDYARD GRIFFITHS:** Ein weiteres Argument, das Sie von Ihren Kontrahenten in der Debatte hören könnten, bezieht sich auf das Verhältnis von Männern und Frauen und die aktuelle Diskussion um die #MeToo-Bewegung. Die andere Seite könnte argumentieren, dass wir eine Hysterie um die Macht von Männern und die vermeintliche Unterdrückung von Frauen erleben. Wie sehen Sie das?

**MICHELLE GOLDBERG:** Das ist schon interessant. Die #MeToo-Bewegung hat im September 2017 begonnen, und ein Vierteljahr später, ach was, schon nach ein paar Wochen haben plötzlich alle gefragt: »Sind wir zu weit gegangen?« Aber wenn wir uns ansehen, was wirklich passiert ist, dann ist der Vergleich mit einer Art stalinistischer Inquisition doch reichlich übertrieben. Bis Bill Cosby endlich verurteilt wurde, waren zwei Prozesse nötig und unendlich viele Frauen mussten ähnliche Geschichten von brutalen Vergewaltigungen schildern.

Und Harvey Weinstein hat zwar seinen Job verloren, aber erst nachdem er glaubwürdig und wiederholt mit handfesten Beweisen von vielen, vielen Frauen überführt wurde. Und die Leute, die ihre Position und ihre Arbeit verloren haben – nicht ihr Leben, nicht ihre Freiheit, nur ihre Position – das war nicht wegen Gerüchten und einer Hexenjagd, sondern aufgrund von unabhängigen, bestätigten und auf Beweise gestützten Anschuldigungen.

Trotzdem ist es natürlich ungewöhnlich, dass Männer entlassen werden. Oder dass überhaupt irgendjemand Konsequenzen zu spüren bekommt. Das ist neu, und daher dieses Gefühl der Hysterie. Es ist eine Hysterie um das Ende der männlichen Straflosigkeit.

**RUDYARD GRIFFITHS:** Sind Sie der Ansicht, dass sich Männer ihre traditionellen Privilegien bewusst machen sollten und dann vielleicht nicht abtreten, aber doch Platz für Frauen und andere benachteiligte Gruppen machen sollten?

**MICHELLE GOLDBERG:** Ich glaube, dass wir zunächst viel weniger von Männern verlangen. Zum Beispiel, dass sie in der Arbeit ihren Penis in der Hose lassen.

Aber ganz ehrlich, ich habe das Gefühl, dass Frauen gar nichts verlangen. Sie sagen: »Denkt doch mal drüber nach, ob Arbeitsgruppen, vor allem wenn sie Frauenfragen erörtern, unbedingt nur aus Männern bestehen sollten.« Ich habe das Gefühl, es ist ein riesiger Unterschied zwischen der Wahrnehmung einiger Männer und dem, was Frauen tatsächlich von Männern verlangen.

Ich nehme an, das wird in der Debatte zur Sprache kommen. Die Männer, die ich kenne und mit denen ich zusammenarbeite, versuchen irgendwo, Frauen zu fördern und zum Beispiel dafür zu sorgen, dass sie das gleiche Gehalt für die gleiche Arbeit und die gleiche Position im Unternehmen bekommen. Aber ich glaube nicht, dass wir verlangen sollten, Männer in eine Art stalinistische Umerziehungslager zu schicken.

**RUDYARD GRIFFITHS:** Glauben Sie, dass es in dieser Debatte in letzter Konsequenz um den gesellschaftlichen Umgang miteinander geht? Wenn Leute den Begriff der politischen Korrektheit negativ besetzen, geht es ihnen dann in ihrer Kritik nicht vor allem um Einstellungen, und darum, dass Einzelpersonen, Gruppen und Institutionen zivilisierter miteinander umgehen sollten?

**MICHELLE GOLDBERG:** Ja, ich glaube, dass sich viele vielleicht mehr Anstand wünschen. In diesem Zusammenhang ist es lehrreich, wenn wir auf die letzte Hysterie um politische Korrektheit Ende der achtziger und Anfang der neunziger Jahre zurückblicken. Was den Leuten damals vor allem gegen den Strich ging, war die Tatsache, dass sie Ureinwohner nicht mehr »Indianer« nennen sollten oder dass »Krüppel« ein Schimpfwort sei. Oder dass sie erwachsene Kolleginnen nicht mehr als »Mädchen« bezeichnen sollten. Das ist den Leuten damals aufgestoßen. Und Schwulenwitze durfte man auch keine mehr machen!

Das meiste hat sich aber inzwischen nahtlos in unseren Sprachgebrauch eingefügt, und heute käme kaum noch jemand auf die Idee, solche Begriffe zu verwenden – das nehme ich zumindest an. Wir empfinden es nicht als Unterdrückung, dass wir diese Ausdrücke nicht mehr verwenden dürfen, im Gegenteil, diese Ausdrücke selbst wirken anstößig und irgendwie zurückgeblieben.

Ich denke, dass gerade etwas Ähnliches passiert. Viele Menschen empfinden die Veränderungen zunächst als unnatürlich, sie bleiben ihnen im Hals stecken. Was funktioniert und gesellschaftlich sinnvoll ist, wird in den Sprachgebrauch eingehen, und was nicht funktioniert, das wird wieder verschwinden, genau wie einige der extremeren Forderungen früherer politischer Umwälzungen.

# STEPHEN FRY

**RUDYARD GRIFFITHS:** Stephen Fry ist Schauspieler, Entertainer, Emmy-Preisträger, Dichter und vieles mehr.

Wie kommt es, dass ein bekennender Fürsprecher für die Rechte von Lesben, Schwulen, Bisexuellen und Transgender auf der Seite von Jordan Peterson an dieser Debatte teilnimmt?

**STEPHEN FRY:** Ich möchte klarmachen, dass die Kritik an der politischen Korrektheit nicht allein der Rechten gehört. Ich würde mich als soften, als windelweichen Linken bezeichnen – ich bin kein progressiver und fahnenschwingender Sozialist, sondern tendiere eher zu einer sozialliberalen Position.

Mir ist durchaus klar, wie gefährdet diese Position ist und dass gerade die neue Rechte meint, dass sie heute alles beherrscht. Früher waren wir mal Außenseiter, die reinwollten, die frech und subversiv waren, die Grenzen überschritten haben und sich keiner Autorität unterwerfen wollten, aber inzwischen sind wir gefährdet, gerade an den Universitäten, die heute das neue Schlachtfeld zu sein scheinen. Da arbeite ich zwar nicht, aber ich bin vertraut damit, ich habe lange dort zugebracht und habe eine Menge Freunde aus dem akademischen Umfeld. Früher war das der Ort, an dem die Linken Boden gewinnen wollten, und heute wollen die Rechten hier vordringen.

Aber so wichtig es war, dass die Linken Ende der Sechziger hier schreien und demonstrieren durften, so wichtig ist es, dass die Rechten das heute dürfen. Wenn der Sinn der politischen Korrektheit darin besteht, die Vielfalt zu zelebrieren, dann muss die Vielfalt auch Meinungsvielfalt beinhalten. Sonst ist sie doch sinnlos.

**RUDYARD GRIFFITHS:** Welche Aspekte der sogenannten politischen Korrektheit untergraben Ihrer Ansicht nach unser Gefühl der Gemeinsamkeit und die vielgepriesene Kultur der Offenheit?

**STEPHEN FRY:** Die freie Meinungsäußerung ist zwar wichtig, aber ich würde sie gar nicht in den Vordergrund stellen. Es gibt eine Menge, das ich an der politischen Korrektheit nicht ausstehen kann, stilistisch genauso wie emotional – die Scheinheiligkeit, die Frömmelei, die Selbstgerechtigkeit, die Ressentiments, den Zorn, die Rechtgläubigkeit, das Denunziantentum, die Bloßstellungen ... Das alles ist widerlich und unerträglich, aber das Schlimmste ist doch, dass es gar nichts bewirkt. Das ist mir viel wichtiger. Es bewirkt das glatte Gegenteil von dem, was es erreichen soll. Es treibt den Rechten die Leute in die Arme.

Man muss sich nur mal in die Lage eines achtzehnjährigen weißen Jungen versetzen, der heute an die Universität kommt. Stellen Sie sich vor, er ist verunsichert und politisch wenig interessiert. Was soll der von diesem ganzen Eifer halten, von diesem Geschrei von »weißen Privilegien« und »Heteronormativität« und von diesem ganzen sprechblasenhaften Gewäsch? Das ist so dumm. Und genau das ist der Punkt: Es ist hohl.

Früher habe ich gern Schach gespielt. Der niederländische Schachweltmeister Max Euwe hat einmal sinngemäß gesagt: »Dein bester Zug ist nicht unbedingt der beste Schachzug, sondern es ist der Zug, den sich dein Gegner am wenigsten wünscht.« Das geht zurück auf Sun Tzu und *Die Kunst des Krieges*. Sie müssen sich in die Lage der Menschen versetzen, die Sie besiegen oder überzeugen wollen.

Und genau das macht die politische Korrektheit eben nicht. Die politische Korrektheit ist wie ein Feldwebel. Wenn ich heute siebzehn oder achtzehn wäre und wieder an die Universität ginge, dann würde ich sagen: »Ihr könnt mich alle mal!« Ich bin halt ein geborener Querkopf, genau wie Christopher Hitchens, jemand der sich nicht an die Spielregeln halten will. Ich will aufmischen und widerspreche schon aus Prinzip allem, was als rechtgläubig daherkommt. Man schwimmt nicht mit dem Strom, man versucht es allein.

Wenn die Linke ihre Ziele erreichen will, wenn sie das hehre Ziel einer toleranteren Gesellschaft erreichen will, dann geht das nicht, indem sie einen bestimmten Sprachgebrauch vorschreibt und Leute dazu zwingt, unhandliche und alberne Formulierungen zu verwenden. Ich hoffe, ich muss nicht ausdrücklich betonen, dass ich gegen Schwulenhass, Islamhass, Fremdenhass und alle anderen Formen von Hass, Borniertheit, Rassismus und Intoleranz bin.

Die Linke begeht einen großen Fehler: Sie unterschätzt die Intelligenz ihres Gegners. Mag sein, dass die Trumps dieser Welt nicht dieselben heiligen Schriften lesen, die unserer Ansicht nach zur Grundausstattung eines intelligenten Menschen gehören – aber das heißt nicht, dass sie nicht raffiniert und schlau sind. Die Geschichte zeigt, wie dumm es ist, sie zu unterschätzen.

**RUDYARD GRIFFITHS:** In der Debatte wird die Gegenseite vermutlich argumentieren, dass es unterschiedliche gesellschaftliche Ziele gibt. Dazu gehört zwar auch das Recht auf freie Meinungsäußerung, aber viele weisen darauf hin, dass wir in komplexen Gesellschaften leben. Ihrer Ansicht nach sollte die Integration für gesellschaftliche Institutionen und vielleicht sogar die gesamte Gesellschaft wichtiger sein, weil wir die Gesellschaft stärker und gesünder machen, wenn wir Vielfalt und Unterschiede respektieren. Sie kennen die Argumentation.

**STEPHEN FRY:** Ich kenne die Argumentation, und sie ist ja auch richtig. Aber wer glaubt, dass man dieses Ziel erreicht, indem man Menschen zwingt, sich an eine bestimmte Sprachregelung zu halten oder eine absurde postmoderne Hermeneutik anzuerkennen, der hat sich getäuscht.

Wir müssen uns nur den menschlichen Humor ansehen. Ehe ich an die Uni gegangen bin, habe ich ein Jahr lang an einer Schule unterrichtet. Etwa um die Zeit hat man beschlossen, dass das Wort »behindert« nicht mehr verwendet werden darf und dass es ab jetzt »benachteiligt« zu heißen hat. Das ging durch die Zeitungen, es war eines der ersten Beispiele für politische Korrektheit. Das muss so um das Jahr 1979 gewesen sein.

Ich erinnere mich an die Schulkinder. Einer ist hingefallen und ein anderer hat auf ihn gezeigt und gerufen: »Benachteiligt!« Das Wort wird sofort vom subversiven Humor aufgegriffen, und das ist auch richtig so. Wenn jemand das Wort »Schwuchtel« verwendet, dann ist mir das als schwuler Mann egal. Ich weiß, ich sollte mich darüber aufregen, aber ich sollte das im Namen der vielen Leute tun, die angeblich schwächer sind als ich, aber in meinen Augen ist das die schlimmste Art der Bevormundung überhaupt.

Das ist dieselbe politische Korrektheit, mit der ich groß geworden bin, nur dass die politische Korrektheit früher religiös war. Damals haben sich die Leute beschwert, weil im Fernsehen Schimpfwörter verwendet wurden, oder weil Gewalt oder nackte Haut gezeigt wurde. Damals hieß es: »Also mir persönlich macht das ja nichts aus, aber ich mache mir Sorgen um die Kinder, weil die besonders verwundbar sind.« Unsinn! Das reicht einfach nicht.

Und genau das kann ich an der politischen Korrektheit nicht leiden. Sie kommt von der Kanzel herab. In Russland gibt es auch politische Korrektheit, nur dass Ihnen diese politische Korrektheit verbietet zu sagen, dass Tschaikowski schwul war.

Die Rechten haben auch ihre politische Korrektheit und ihre verbotenen Wörter. Es ist einfach eine Möglichkeit, Diskussionen abzuwürgen. Sie müssen nur mal *Sonnenfinsternis* von Arthur Koestler lesen, um das Extrem zu sehen. Es beginnt mit einem Ideal und einem hehren Ziel – die gesellschaftliche Gleichheit, mit der der Kommunismus und die Französische Revolution begonnen haben, Freiheit, Gleichheit, Brüderlichkeit, all diese wunderbaren Dinge.

Die Französische Revolution endete mit einem Gesetz des Wohlfahrtsausschusses, das jedem das Recht gab, an einem öffentlichen Platz einen Zettel aufzuhängen, auf dem es hieß: »Bürger Soundso ist ein Feind der Revolution.« Dann wurde der Bürger verhaftet. Heute würde man das twittern, aber das ist dasselbe. Das ist Denunziantentum, eine Verunglimpfung ohne jeden Beweis, eine bloße Behauptung.

Und das alles natürlich mit den allerbesten Absichten. Das hat schon Thomas Crammer gesagt, der Gründer der Kirche von England und Autor des anglikanischen Gebetbuchs: »Der menschliche Geist hat nichts erfunden, was nicht im Laufe der Zeit ganz oder teilweise korrumpiert worden wäre.« Es ist schön, auf edle Ziele zu verweisen – und sie sind immer edel. Aber am

Ende haben die Schweine die Hosen an, um es mit George Orwell zu sagen.

Und genau das ist passiert. Die Linke hat den Kampf um die Universitäten gewonnen, weshalb die Universitäten heute von angegrauten Linken der Nachkriegsgeneration geleitet werden. Die haben jetzt die Hosen an und erklären uns, was wahr und unwahr, was richtig und falsch ist. Im Namen von Vielfalt, Integration, Gleichheit und all den anderen hehren Idealen wird eine Menge Unrecht begangen.

Und meiner Ansicht nach verzögert das nur den Moment, an dem mehr Menschen integriert sind und sich größere Vielfalt durchsetzt. Das ist das Problem: Es gibt dem Feind einen Hebel an die Hand.

**RUDYARD GRIFFITHS:** Wohin wird diese Debatte Ihrer Ansicht nach führen? Ist politische Korrektheit eine Art Mode, die genauso vorübergehen wird wie Ende der achtziger und neunziger Jahre? Oder anders gefragt: Erinnert Sie das an 1968? Oder passiert hier etwas Tiefgreifenderes, spaltet sich die Gesellschaft?

**STEPHEN FRY:** Das weiß ich nicht. Ich habe das Vertrauen in meine prophetischen Fähigkeiten verloren. Wer hätte vor drei Jahren vorhersehen können, dass wir heute so weit kommen würden?

Und damit stehe ich nicht allein. Das kann niemand. Und selbst Menschen, die das von sich behaupten – zeigen Sie mir einen Artikel, der vorhergesagt hätte, wie die Welt von heute aussieht? Das hat niemand vorhergesehen. Und je schneller und komplexer alles wird, umso unberechenbarer wird es – umso chaotischer, turbulenter und nicht-linearer wird die Gleichung, wenn Sie so wollen.

Das heißt, es ist schwer zu sagen. Ich würde nur meinen, dass es innerhalb dieser Turbulenzen Zyklen gibt. Mir gefällt die römische Vorstellung vom Rad des Schicksals. Vor wenigen Jahren war in Großbritannien Tony Blair Premierminister, in den Vereinigten Staaten war Bill Clinton Präsident, und Europa wurde von Sozialdemokraten regiert. Damals hat es so ausgesehen, als wäre das unvermeidlich, als müsste Politik so sein – irgendwo zwischen Mitte-Links und Mitte-Rechts.

Aber das Rad des Schicksals hat sich gedreht, und heute sind diese Leute ganz unten, und das genaue Gegenteil ist oben. Aber das heißt auch, dass das, was jetzt oben ist, auch wieder nach unten geht. Deswegen sehe ich da nicht so schwarz. Außerdem glaube ich an die Menschen und die Menschheit.

Das Beste, was uns mit unserem Stammesdenken und Nationalismus passieren könnte, wäre vermutlich eine Invasion von Außerirdischen. Wie bei den ersten Astronauten, die auf die Erde heruntergeschaut und gesagt haben: »Wie komisch, man sieht gar keine Grenzen!« Es gibt keine Breitengrade. Es gibt keine Grenze zwischen Deutschland und Frankreich oder zwischen

Russland und China. Es ist einfach ein Kontinent. Wenn uns Außerirdische angreifen, dann werden wir uns doch auch nicht den Kopf darüber zerbrechen, »aber du bist doch Katholik« und »du bist Jude« und »du bist Muslim«. Genau das brauchen wir – eine gemeinsame Position.

## JORDAN PETERSON

**RUDYARD GRIFFITHS:** Jordan Peterson ist Professor für Psychologie an der University of Toronto, YouTube-Star und Autor des Weltbestsellers *12 Rules for Life: Ordnung und Struktur in einer chaotischen Welt*.

Mr. Peterson, erzählen Sie uns ein wenig von sich. Sie haben in den letzten Monaten einiges erlebt.

**JORDAN PETERSON:** Stimmt. Seit Oktober 2016 habe ich ununterbrochen Skandal und Unterhaltung erlebt. Aber es hat mir auch viel Gutes gebracht. In den Medien wurde das Ganze meist als politisches Thema dargestellt, aber für mich ist es das gar nicht. Mir geht es vor allem um meine psychologische Arbeit auf der Ebene des Individuums, was wohl auch angemessen ist, denn schließlich bin ich Klinischer Psychologe.

Zurzeit bin ich auf Lesereise. Ich habe in 26 Städten Vorträge gehalten, und habe, glaube ich, noch an die sechzig vor mir. Und von den Leuten aus dem Publikum, mit denen ich im Anschluss spreche, hatte vielleicht jeder Dreißigste etwas Politisches zu sagen, den übrigen geht es um meinen Vortrag und das Buch, also um den Versuch, ihr Leben auf die Reihe zu bekommen, wieder auf der Ebene des Einzelnen.

Das finde ich auch gut und richtig so. Egal wo ich bin, ich werde täglich von vier oder fünf Leuten angesprochen, und die sagen mir alle das Gleiche. Sie sind sehr höflich und sehr offen. Bis jetzt habe ich noch mit niemandem in der Öffentlichkeit eine Auseinandersetzung gehabt. Im Gegenteil.

Die Leute sagen mir, dass sie meine Vorträge gehört haben, dass sie in ihren Beziehungen unzufrieden sind, dass sie in ihrem Beruf nicht vorankommen oder dass sie aus dem einen oder anderen Grund in einem Loch sitzen und dass ihnen meine Vorträge geholfen haben. Das freut mich natürlich.

**RUDYARD GRIFFITHS:** Was glauben Sie, welche Rolle wird das, worüber Sie schreiben und nachdenken und die Reaktion der Menschen darauf, mit der Debatte heute Abend zu tun haben? Schließlich haben Sie ja auch einiges zum Thema politische Korrektheit gesagt.

**JORDAN PETERSON:** Ich bin kein Freund der radikalen Linken, weshalb manche Leute glauben, dass ich für die radikale Rechte spreche. Aber nur weil jemand kein Freund der radikalen Linken ist, heißt das nicht, dass er die radikale Rechte unterstützt. Das ist doch absurd. Aber die Universitäten, vor allem die Geistes- und Sozialwissenschaften, werden heute von linkem Gedankengut beherrscht. Das habe ich mir nicht ausgedacht, das haben Leute wie Jonathan Haidt gut dokumentiert.

Und die Ideologie, die sie verbindet, ist meiner Ansicht nach schädlich. Es ist eine kollektivistische Ideologie, und ich will Ihnen erklären, warum mich das beunruhigt. Es gibt ja durchaus gute Gründe für die Existenz der Linken. Zum einen ist links zu sein auch eine Frage des Temperaments, und das wird sich nicht ändern. Und zum anderen sammeln sich in den Hierarchien, die unsere Gesellschaft notwendig hervorbringt, immer mehr Menschen am unteren Ende. Das liegt in der Natur von Hierarchien.

Die Menschen, die von hierarchischen Systemen entrechtet werden, brauchen eine Stimme, und das ist die Linke. Das ist natürlich, und das ist gut so. Aber nicht nur die Rechte kann zu weit gehen, sondern auch die Linke. Leider ist es nicht eindeutig definiert, ab welchem Punkt die Linke zu weit geht, und das scheint mir inakzeptabel. Und an den Universitäten ist sie meiner Ansicht nach viel zu weit gegangen.

Die radikale linke Philosophie mit ihrer Mischung aus Postmoderne und Neomarxismus, wie sie heute in den Gesellschafts- und Geisteswissenschaften vorherrscht, leistet meiner Ansicht nach keinen sinnvollen Beitrag. Das hat nichts damit zu tun, dass ich ein gefühlloser Mensch wäre. Das ist ein ganz anderes Thema. Und auch das stört mich an der politischen Korrektheit. Sie tut so, als hätte sie das Mitgefühl gepachtet. Aber erstens reicht Mitgefühl allein nicht aus. Bei weitem nicht, und ein Zuviel an Mitgefühl kann sogar schreckliche Dinge bewirken. Und zweitens hat die Linke das Mitgefühl gerade nicht gepachtet, und wenn sie eine Philosophie vertritt, die Menschen aufgrund ihrer Gruppenzugehörigkeit eine bestimmte Identität zuweist und dann die Gegenwart und Geschichte als Schlachtfeld zwischen verschiedenen Gruppen interpretiert, dann ist das sogar gefährlich. Ein Blick in die Geschichtsbücher macht klar, *wie* gefährlich.

**RUDYARD GRIFFITHS:** Sie werden heute Abend sicher das Argument hören, dass Menschen wie Sie und ich aufgrund unserer Hautfarbe, unserer Klassenzugehörigkeit und unseres Geschlechts in unserer Gesellschaft Privilegien genießen und dass es an der Zeit sei, diese Privilegien mit anderen Gruppen zu teilen, die historisch benachteiligt sind.

**JORDAN PETERSON:** Das ist ein gutes Beispiel für diese Vermischung von Mitgefühl und Ideologie. Erstens genießt in jeder Gesellschaft die Mehrheit Privilegien. Darum geht es ja in der Gesellschaft: Man richtet das System so ein, dass es einer Mehrheit gutgeht, und dann baut man Mechanismen zum Schutz der Minderheiten ein. Aber das mit der Hautfarbe zu vermengen ist einfach inakzeptabel. Das ist ein gefährlicher Taschenspielertrick.

Abgesehen davon, dass diese Behauptung keinerlei Substanz hat. Natürlich haben einige Menschen Vorteile, die andere nicht haben. Aber wenn man Menschen nach den vielen Dimensionen analysiert, nach denen sie sich analysieren lassen, dann wird man feststellen, dass sie in einigen besser dastehen als andere und in anderen schlechter, und zwar oft aus ganz willkürlichen Gründen.

Dazu kommt noch etwas anderes. Von welchem historischen Zeitraum sprechen wir eigentlich? Heißt das, weil meine Vorfahren vor 150 Jahren vergleichsweise privilegiert waren, muss ich jetzt dafür zahlen? Und wissen Sie so genau, dass meine Vorfahren privilegiert waren? Mein Vater ist bis zum fünften Lebensjahr in einer Blockhütte mit drei Zimmern aufgewachsen. Und meine Großmutter hat in den dreißiger Jahren als Putzfrau auf Bauernhöfen von Saskatchewan gearbeitet. Sie hat für Erntehelfer gekocht. Sie hat Berge von Holz gehackt, die so hoch waren wie die Hütte, um den Winter zu überleben. Ist das ein privilegiertes Leben? Und jetzt müssen wir über meine Hautfarbe sprechen?

Das ist das Problem mit der toxischen Linken: Es geht immer um die Gruppenidentität. Spinnen wir die Argumentation ein Stück weiter und sagen, aufgrund meiner Hautfarbe bin ich aus historischer Sicht privilegiert. Heißt das, dass alle jetzt aufgrund ihrer Hautfarbe für ein historisches Unrecht zahlen müssen?

Und die Geschichte des Verhältnisses von Mann und Frau soll im Wesentlichen eine Geschichte der Unterdrückung gewesen sein? Und nicht eine der Kooperation, mit der man gemeinsam die Katastrophe gemeistert hat, die die Geschichte im Grunde immer war? Auch nicht zum Beispiel Ende des 19. Jahrhunderts, als die meisten Menschen der westlichen Welt nach heutiger

Definition in bitterer Armut gelebt haben? Wenn wir uns das ansehen, sollen wir zu dem Schluss kommen, dass die Welt grundsätzlich von der Unterdrückung der Frau durch den Mann geprägt war?

**RUDYARD GRIFFITHS:** Das bringt mich zu dem zweiten Argument, das Sie heute Abend sicherlich hören werden, nämlich dass Männer ihre Privilegien abgeben müssen. Nicht erst seit der #MeToo-Bewegung wächst unter Frauen das Bewusstsein um ihre Macht in der Gesellschaft, und es sei an der Zeit, dem Rechnung zu tragen. Was würden Sie darauf erwidern?

**JORDAN PETERSON:** Wenn es um Macht geht, bekomme ich Angst. Wenn es nach der postmodernen Ideologie geht, vor allem in Verbindung mit dem Neomarxismus – ein merkwürdiges Bündnis, wenn Sie mich fragen –, dann dreht sich alles um Macht. Aber das glaube ich nicht. Meiner Ansicht nach geht es in Hierarchien nur dann um Macht, wenn sie zu einer Zwangsherrschaft geworden sind, und ich glaube nicht, dass man die Hierarchien im Westen so nennen kann. Verglichen mit der himmlischen Gleichheit unserer utopischen Fantasie mögen diese Hierarchien zwar die Hölle sein, aber im Vergleich zum Rest der Welt heute und in der Vergangenheit stehen wir verdammt gut da.

Seit es die Geburtenkontrolle gibt, also seit den 1960er Jahren, haben Frauen Zugang zu allen Führungspositionen und qualifizierten Tätigkeiten; es gibt zwar auch Widerstand, aber grundsätzlich ist das so. Das geht so weit, dass heute fast drei Viertel der Studenten der Gesellschafts- und Geisteswissenschaften Frauen sind. Das Gesundheitswesen wird von Frauen dominiert.

Wie schnell soll der Wandel vor sich gehen? Es heißt, ohne politischen Druck wäre das nie passiert. Aber tut mir leid, das stimmt so nicht. Der Auslöser waren die Geburtenkontrolle, die Menstruationshygiene und ein paar andere Dinge, über die keiner redet, die aber Chancengleichheit hergestellt haben. Und das hat sich in den letzten fünfzig Jahren radikal geändert. Wie schnell, glauben Sie, kann der Wandel vor sich gehen?

Ich bin absolut für Chancengleichheit. Man muss schon ein echtes Problem haben, wenn man gegen Chancengleichheit ist. Selbst jemand, der nur auf den eigenen Vorteil bedacht ist, muss vernünftigerweise für Chancengleichheit sein, weil er damit die Möglichkeit bekommt, die größtmögliche Zahl von qualifizierten und talentierten Menschen auszubeuten.

Aber Ergebnisgleichheit, das ist eine ganz andere Sache...

**RUDYARD GRIFFITHS:** Das heben wir uns für die Debatte auf. Letzte Frage, die ich allen Teilnehmern im Vorgespräch stelle: Was glauben Sie, wohin wird die gesellschaftliche Debatte gehen? Erleben wir eine Modewelle, die wieder abebbt, oder beobachten wir etwas Grundsätzlicheres, eine neue Art von Stammesdenken und neue Gegensätze, deren Lösung viel mehr Zeit in Anspruch nimmt?

**JORDAN PETERSON:** Das wird davon abhängen, wie wir uns in den kommenden zehn Jahren benehmen. Ich glaube, unsere Situation könnte sich überall sehr schnell spürbar verbessern. Aber wir können auch in das idiotische Stammesdenken des 20. Jahrhunderts zurückfallen.

Ich sehe starke Strömungen in beide Richtungen. Es macht mir Mut, dass sich viele Leute das psychologische Material zu Herzen nehmen, das ich ins Internet gestellt habe, und dass sie alles tun, um ihr Leben auf die Reihe zu bekommen. Auf der anderen Seite stimmt es mich pessimistisch, dass heute fast alles zu einem polarisierenden politischen Argument gemacht wird. Man scheint nicht mehr zu verstehen, dass eben nicht alles politisch ist. Auch die Debatte um politische Korrektheit ist meiner Ansicht nach gar nicht politisch. Sie ist theologisch und philosophisch, aber sie wird meist politisiert, weil es nach Ansicht der kollektivistischen Ideologie der Linken gar keinen anderen Schauplatz gibt. Nach dieser Sichtweise geht es nur um Hierarchien, die einander bekämpfen und Machtspiele austragen.

Die freie Meinungsäußerung ist ein interessantes Thema, weil auf der Linken nie darüber gesprochen wird. Aus dieser ideologischen Sicht ist sie kein Thema, weil es sie gar nicht gibt. Es gibt nur Menschen, die aus der jeweiligen Machtposition ihrer Gruppe heraus

Dinge sagen, die ihnen nutzen. Das ist die Grundannahme des Interpretationssystems der Linken.

Aus kollektivistischer Sicht ist die freie Meinungsäußerung eine Illusion. Sie glauben vielleicht, dass Sie Ihre Meinung äußern, aber in Wirklichkeit bringen Sie nur Ihr Privileg zum Ausdruck.

**RUDYARD GRIFFITHS:** Mit anderen Worten, ich spreche für mein Geschlecht, meine Klasse, meine Hautfarbe.

**JORDAN PETERSON:** Genau. Dieses postmoderne Pochen auf der Identität hat noch eine ironische Konsequenz, und das ist das Aufkommen der Intersektionalitätstheorie. Die Vertreter dieser Theorie haben nämlich die Achillesferse der kollektivistischen Sicht erkannt. Sie nimmt die Standardgruppen Geschlecht, Klasse und Ethnie – ich weiß nicht, warum das Standardgruppen sein sollen, aber sei's drum – und fragt, wie sie sich an ihren Schnittstellen verhalten. In der Tat! Was bedeutet es denn, dass sich Geschlecht unendlich differenzieren lässt? Was bedeutet es denn, dass Ethnien unendlich vielfältig sind? Was hat das für Konsequenzen? Will man versuchen, die Wechselwirkungen all dieser Aspekte einzubeziehen? Und die Antwort lautet, ja, das werden wir versuchen, um unsere Ideologie nicht aufgeben zu müssen. Aber der Westen hat sich doch deshalb für eine radikal individualistische Sichtweise entschieden, weil wir vor zweitausend Jahren festgestellt haben, dass jeder Mensch einmalig ist und dass man die Gruppenidentität so weit ausdifferenzieren kann, bis man zum Individuum kommt.

Ich habe keine Ahnung, wie es weitergeht. Die Universitäten haben sich meiner Ansicht nach in eine Sackgasse manövriert, und ich glaube nicht, dass sie da wieder rauskommen. Ich habe gesehen, wie große Organisationen zerfallen, das passiert oft. Ein gravierender Fehler reicht schon aus.

# DIE DEBATTE

## »STELLT DAS, WAS ALS POLITISCHE KORREKTHEIT BEZEICHNET WIRD, EINEN FORTSCHRITT DAR?«

**PRO** Michael Eric Dyson & Michelle Goldberg
**CONTRA** Stephen Fry & Jordan Peterson

**RUDYARD GRIFFITHS:** Die Frage der heutigen Debatte lautet: »Stellt das, was als politische Korrektheit bezeichnet wird, einen Fortschritt dar?« Die Pro-Seite wird vertreten von Michael Eric Dyson, Autor, Akademiker und Radiomoderator, sowie Michelle Goldberg, Buchautorin und *New-York-Times*-Kolumnistin. Die Gegenposition vertreten Stephen Fry, Schauspieler, Drehbuchautor, Bühnenautor, Journalist und Dichter, sowie Jordan Peterson, Professor für Psychologie an der University of Toronto, YouTube-Star und Autor des Weltbestsellers *12 Rules for Life*.

Im Vorfeld haben wir die rund dreitausend Besucher im Saal gebeten, ihre Stimme abzugeben. 36 Prozent der Besucher waren der Ansicht, dass politische Korrektheit tatsächlich einen Fortschritt darstellt, und 64 Prozent haben dem widersprochen.

Wir haben auch gefragt, wer bereit sei, seine Meinung während der heutigen Debatte auf den Prüfstand zu stellen. Ist Ihre Meinung fest oder sind Sie bereit, sich in unserer anderthalbstündigen Diskussion von einer der beiden Seiten überzeugen zu lassen? Hier gaben 87 Prozent an, sie seien offen für Argumente, und 13 Prozent sagten nein. Ein aufgeschlossenes Publikum also, und die Debatte ist offen.

Nach der vorab vereinbarten Reihenfolge beginnt Michelle Goldberg, es folgt Jordan Peterson als Vertreter der Gegenposition, dann Michael Eric Dyson und schließlich Stephen Fry.

**MICHELLE GOLDBERG:** Als ich das Thema der heutigen Debatte gehört habe, habe ich zunächst gezögert. Unter dem Stichwort »politische Korrektheit« versteht man vieles, was ich nicht als Fortschritt bezeichnen würde. Boykotte von Rednern lehne ich zum Beispiel ab. Wie viele Liberale mittleren Alters empfinde ich einige Aspekte der Social-Justice-Warrior-Kultur [Soziale Gerechtigkeitskrieger] an den Universitäten als abstoßend, obwohl es vermutlich nichts Neues ist, dass Vertreter meiner Generation Internetpranger für unangemessen halten. Insgesamt ziehe ich es jedenfalls vor, mit Menschen zu diskutieren, deren Ansichten ich nicht teile. Deshalb bin ich heute hier.

Wenn heute also Soziale Gerechtigkeitskrieger im Publikum sitzen, dann möchte ich mich entschuldigen, weil ich vermutlich nicht angemessen für ihre Ideen eintrete. Aber ich stehe auf der Pro-Seite, weil politische Korrektheit nicht eben nur für linke Auswüchse an Universitäten und am Twitterpranger steht. Ich stehe hier, weil Leute wie Jordan Peterson den Begriff der politischen Korrektheit benutzen, um Frauen und Minderheiten das Recht abzusprechen, auf Benachteiligungen hinzuweisen und sich dagegen zur Wehr zu setzen.

In der *New York Times* wird Jordan Peterson heute mit den Worten zitiert: »Wer unsere Kultur als patriarchales Unterdrückungssystem bezeichnet, will nicht wahrhaben, dass unsere Hierarchie auf Kompetenz basieren könnte.« In meinen Ohren klingt das gar nicht so verrückt, weil ich Amerikanerin bin und weil unser Präsident Donald Trump heißt. Aber in diesem Satz kommt eine Weltsicht zum Ausdruck, die jeden Angriff auf die bestehende Hierarchie als politische Korrektheit abtut.

Wir sollten auch klarmachen, dass es in dieser Debatte nicht um das Thema freie Meinungsäußerung geht. Mr. Peterson hat einmal von der »bösen Dreifaltigkeit Gleichheit, Vielfalt und Inklusivität« gesprochen und gesagt: »Wenn Sie hören, dass jemand diese drei Worte in den Mund nimmt, dann wissen Sie, mit wem Sie es zu tun haben, und sollten Abstand nehmen.«

Er bezeichnet die *Die Eiskönigin* als politisch korrekten Propagandafilm und hat den Vorschlag gemacht, eine Datenbank mit Inhalten von Universitätsseminaren anzulegen, damit Studenten der postmodernen kritischen Theorie aus dem Weg gehen können.

In der Kritik an der politischen Korrektheit erkenne ich manchmal den Versuch, bestimmte analytische Kategorien aus unserem Denken zu entfernen. Dabei ist das, was als politische Korrektheit bezeichnet wird, eine üble Karikatur der Linken, die alles beseitigen will, was auch nur entfernt nach Kolonialismus, Patriarchat und weißer Vorherrschaft riecht.

In dieser Diskussion geht es auch nicht um den Wert der Aufklärung, zumindest nicht so, wie es Mr. Fry darstellt, der die Werte der Aufklärung vertritt. Die Aufklärung steht für den Versuch, die Rechte und Privilegien, die einst nur weißen, heterosexuellen und männlichen Grundbesitzern zugesprochen wurden, auf alle auszudehnen. Um Stuart Mill, einen toten weißen Mann, zu zitieren: »Die Tyrannei der *Gewohnheit* ist überall das beständige *Hindernis* menschlichen Fortschritts.« Im Gegensatz dazu stellen einige unserer Kontrahenten den Angriff auf die Tyrannei der Gewohnheit als politisch korrekten Angriff auf eine gottgewollte natürliche Ordnung dar.

Um noch einmal Mr. Peterson zu zitieren: »Jedes Geschlecht hat mit seinem eigenen Unrecht zu kämpfen, aber das ist doch keine Folge der gesellschaftlichen Ordnung, sondern der Natur.« Peterson macht allerdings eine Ausnahme und glaubt, dass bestimmte Formen des Unrechts mit gesellschaftlichen Eingriffen behoben werden sollten. In der *New York Times* verlangt er deshalb »den sozialen Zwang zur Monogamie als Mittel gegen das Leid der Männer, die keinen gerechten Anteil an Sex bekommen«.*

In der Debatte um politische Korrektheit waren wir schon einmal an diesem Punkt. Allan Bloom hat in seinem Buch *Der Niedergang des amerikanischen Geistes* die »Tyrannei« des Feminismus an amerikanischen Universitäten mit den Roten Khmer verglichen; das war Ende der Achtziger, als Frauen gerade einmal zehn Prozent des festangestellten Lehrkörpers an Universitäten ausmachten.

Es ist hochinteressant, auf das zurückzublicken, was damals als politisch korrekt verunglimpft wur Beispiel, dass man in den Vereinigten Staaten die Ureinwohner nicht mehr als »Indianer« bezeichnen durfte oder dass man Bezeichnungen wie »Afroamerikaner« verwenden musste. Oder dass Werke von Frauen oder Nichtweißen in den Lehrplan der Geisteswissenschaften aufgenommen wurden, dass man keine Schwulenwitze mehr machen durfte oder dass man nicht mehr »behindert« sagen durfte. So ist das eben: Neue Ideen und neue Wörter sind schwer zu schlucken.

Unsere Sprech- und Denkgewohnheiten kommen uns definitionsgemäß natürlich und normal vor.

Aber die neuen Begriffe und Gedanken, die sich als

---

* Die These ist, dass männliche Gewalt nur verhindert werden könnte, wenn Männer und Frauen monogam aneinandergebunden würden, damit die Gesellschaft von der Zeitbombe »zurückgewiesener Mann« befreit werde. (Anm. d. Übers.)

nützlich erweisen, bleiben, und die anderen verschwinden wieder. Wenn wir in die Siebziger zurückblicken, dann ist »Ms« als Anrede für Frauen geblieben, und das [feministische] »womyn« ist wieder verschwunden. Ich hoffe, dass wir eines Tages zurückblicken und uns wundern, dass sich Leute früher von geschlechtsneutralen Pronomina in ihrer Existenz bedroht gefühlt haben. Doch es muss nicht so kommen, denn wenn ich mich in unserer Welt umsehe, dann wurde vielerorts die Weltoffenheit zurückgedreht und das Patriarchat wurde wiederhergestellt, unter dem Vorwand, Chaos abzuwenden. An diesen Orten möchte ich nicht leben.

In den Vereinigten Staaten werden aktuell gewaltige Anstrengungen unternommen, um politische Korrektheit zu bekämpfen und gesellschaftlichen Fortschritt wieder zurückzunehmen. Als Frau, die dort lebt, kann ich Ihnen versichern, dass das kein Fortschritt ist.

**JORDAN PETERSON:** Zunächst einmal sollten wir klarstellen, worüber wir sprechen. Es geht nicht um meine Ansichten zur politischen Korrektheit, auch wenn die Ausführungen meiner Vorrednerin diesen Eindruck erweckt haben mögen.

Für mich stellt sich die Sache so dar: Wir benötigen ein grobkörniges großes Narrativ, das uns eint. Und dieses Narrativ benötigen wir, weil ohne ein solches Narrativ kein friedliches Zusammenleben möglich ist.

An den Universitäten und in der Gesellschaft erleben

wir heute eine Debatte zwischen zwei grobkörnigen Narrativen. Keines von beiden kann vollkommen zutreffen, da keines sämtliche Einzelheiten erfassen kann. Menschen haben einen individuellen und einen kollektiven Aspekt, nennen wir es einen Gruppenaspekt. Die Frage ist, welches Narrativ sollte an erster Stelle stehen? Ich sehe das so: Im Westen haben wir einigermaßen funktionierende, freie, produktive und stabile Hierarchien, die auch die Entrechteten berücksichtigen, wie sie für gewöhnlich von Hierarchien hervorgebracht werden. Unsere Gesellschaften sind freier und funktionieren effizienter als alle anderen Gesellschaften der Welt und der gesamten Menschheitsgeschichte. Das liegt meiner Ansicht nach daran, dass das große Narrativ, an dem wir uns im Westen orientieren, die Selbstbestimmung des Einzelnen betont, und ich glaube, es gibt gute Gründe für diese Annahme. Dieses Narrativ geht davon aus, dass es im Großen und Ganzen das Beste ist, wenn ich anderen Menschen als Individuen begegne und davon ausgehe, dass sie Teil eines psychologischen Prozesses sind, durch den sich Dinge, die wir noch nicht verstehen, ergründen lassen, und Dinge, die in unserer Gesellschaft schlecht organisiert sind, korrigieren lassen. Wir sind als Individuen wertvoll, sowohl hinsichtlich unserer Rechte als auch unserer Pflichten, weil das unsere wahre Bestimmung ist, weil das unsere Größe ausmacht und weil das unsere Funktion ist.

Aber heute kommt das kollektivistische Narrativ auf, es greift von den Universitäten auf die Gesellschaft über, und sogar auf die Unternehmenswelt, obwohl das eigentlich zu deren Schaden ist. Dieses kollektivistische Narrativ hat durchaus seinen Sinn, denn wir sind ja alle in der einen oder anderen Weise Teil von Gruppen. Aber das kollektivistische Narrativ, das ich als »politisch korrekt« bezeichne, ist eine sonderbare Mischung aus Postmoderne und Neomarxismus, und dieses Narrativ erklärt, dass wir in erster Linie eben nicht Individuen sind, sondern Angehörige von Gruppen. Das kann unsere Ethnie, unser Geschlecht, unsere Hautfarbe oder irgendeine von zahllosen anderen Gruppen sein, denn wir gehören ja vielen Gruppen an. Und die oberste Annahme lautet, dass wir zu den Menschen gezählt werden sollten, die diese Eigenschaft mit uns gemeinsam haben und ebenfalls zu dieser Gruppe gehören.

Die zweite Annahme lautet, dass die Welt ein Schlachtfeld zwischen Gruppen mit unterschiedlicher Macht ist. Das heißt, man definiert die Gruppen, man versteht den Einzelnen im Zusammenhang der Gruppe, man versteht die Auseinandersetzungen zwischen Gruppen im Zusammenhang der Gruppe und man sieht die gesamte Geschichte als Folge von Machtkämpfen zwischen verschiedenen Gruppen. Damit wird der Einzelne gar nicht in Betracht gezogen, genauso wenig wie die Idee der freien Meinungsäußerung. Denn für Kollektivisten gibt es gar keine freie Meinungsäußerung. Es ist nicht so, als gäbe es in diesem Punkt eine Auseinandersetzung zwischen der radikalen Linken und dem Rest der Gesellschaft – in diesem Weltbild kommt sie gar nicht vor.

Für Individualisten ist die freie Meinungsäußerung eine Möglichkeit, die Welt zu verstehen und die Gesellschaft zu organisieren. Aber für die radikale und kollektivistische Linke, wie ich sie mit der politischen Korrektheit in Verbindung bringe, ist eine Meinungsäußerung nichts weiter als Teil eines Machtkampfs, der im Namen der Gruppe geführt wird.

Das ist alles, mehr gibt es nicht: So ist das Individuum, so ist die Gesellschaft und so ist die Geschichte. So herrscht zum Beispiel an unseren Universitäten die Ansicht vor, dass sich die westliche Zivilisation am besten als repressives, von Männern beherrschtes Patriarchat verstehen lässt und dass sich die Beziehung zwischen Männern und Frauen in den vergangenen Jahrhunderten vor allem durch die Unterdrückung der Frau durch den Mann auszeichnet.

Es gibt keine Hierarchie ganz ohne Tyrannei. Das ist eine Grundgegebenheit, die Menschen seit Jahrtausenden anerkennen. Hierarchien neigen zur Tyrannei, und es besteht immer die Gefahr, dass die Mächtigen die Kontrolle an sich reißen. Aber das passiert nur, wenn sie korrumpiert werden. Unsere Gesellschaft hat Mechanismen, die verhindern sollen, dass Hierarchien korrumpiert werden, und sie funktionieren ganz gut.

Auf noch etwas möchte ich hinweisen: In dieser Debatte geht es nicht um das Thema Mitgefühl oder darum, dass die Teilnehmer auf der Contra-Seite kein Mitgefühl hätten. Mir ist sehr bewusst, und ich denke, auch Mr. Fry, dass sich Menschen am unteren Ende von Hierarchien sammeln und dass die Entrechteten eine politische Stimme brauchen. Diese Stimme ist wichtig, und das ist die der Linken.

Aber das ist etwas ganz anderes als ein großes Narrativ, das uns ausschließlich als Angehörige der Gruppen behandelt, denen wir angehören, und das die ganze Welt ausschließlich als Schlachtfeld zwischen verschiedenen Formen der Tyrannei versteht, die sich aus unserer Gruppenzugehörigkeit ergeben.

Dieses Narrativ führt nicht zum Fortschritt, das können Sie mir glauben. An den Universitäten hat es jedenfalls keinen Fortschritt bedeutet. Dann erleben wir Formen der Zensur wie an der Wilfried Laurier University.\*  Das ist kein Fortschritt, sondern der Rückfall in das Stammesdenken, das die Linke auszeichnet.

---

\* An der Wilfried Laurier University wurde eine Lehrbeauftragte gerügt, weil sie in ihrem Psychologieseminar ein Video mit Jordan Peterson zeigte; in einem Gespräch, das die Lehrbeauftragte heimlich aufzeichnete, verglichen die Professoren Peterson aufgrund seiner Kritik an geschlechtsneutralen Sprachregelungen mit Hitler und sprachen ihm seine akademische Kompetenz ab. Daraufhin verklagte Peterson die Professoren wegen Rufschädigung. (Anm. d. Übers.)

**MICHAEL ERIC DYSON:** Ich bleibe hier am Pult stehen – ich bin schließlich Prediger, und am Ende lasse ich den Klingelbeutel rumgehen.

Wir sind im Bikiniteil dieses intellektuellen Schönheitswettbewerbs, deswegen möchte ich Ihnen meine geistigen Kurven zeigen. Du liebe Zeit – war das eine politisch inkorrekte Aussage? Wie sind wir nur an den Punkt gekommen, an dem die Diskussion um politische Korrektheit eine Art manichäischer Grabenkampf wurde? Dieses Hirngespinst, das wir gerade gehört haben, beeindruckt sowohl durch seine Klarheit als auch durch die Trübheit der Zusammenhänge, aus denen es stammt. Mich würde interessieren, wer ist diese radikale Linke eigentlich? Wo ist sie? Ich würde mich ihr gern anschließen! Sie kontrolliert nichts. Ich lebe in einem Land, in dem jeden Morgen ein Mann aufsteht und in seiner moralischen Armseligkeit seine Gemeinheiten in ein Land hinaustwittert, das er zu seinem psychischen Klo gemacht hat.

Die politische Korrektheit hat sich in eine Karikatur der Linken verwandelt. Darf ich Sie daran erinnern, dass es die Linke war, die den Begriff der politischen Korrektheit erfunden hat? Wir hatten genug von all den Entschuldigungen, Auswüchsen und Übertreibungen, und anders als meine Kontrahenten und meine Landsleute waren wir bereit, Selbstkritik zu üben. Nehmt euch nicht so ernst – lächelt! Nehmt euch nicht ernst, aber tut das, was ihr tut, mit absolutem Ernst. Jetzt ist politische

Korrektheit also zu dem Versuch geworden, die radikale Linke zu charakterisieren. Die radikale Linke ist eine Metapher, ein Symbol, ein Wort. Es gibt sie nicht, sie ist viel zu klein. Ich arbeite an der Universität, und ich bin ihr noch nicht begegnet.

Wenn ich höre, wie hier von Identitätspolitik gesprochen wird, dann staune ich. Kollektivistische Identitätspolitik? Soweit ich weiß, ist die Hautfarbe eine Erfindung der herrschenden Kultur, die andere Gruppen gefügig machen wollte. Hinter der Erfindung der Hautfarbe steht die Anforderung der herrschenden Kultur, andere zu unterdrücken – das Patriarchat eben.

Das Patriarchat war die Erfindung von Männern, die ausschließlich ihre Sicht präsentiert sehen wollten. Das Schöne am Feminismus ist doch, dass er die Differenzen zwischen Männern und Frauen nicht ausräumen will; er sagt nur, dass Männer nicht automatisch das letzte Wort haben. Aber in meinem Fach hatten sie das ohnehin nie.

Die Identitätspolitik ist zum Schreckgespenst der Rechten geworden, aber die Leute auf der Rechten sehen einfach nicht ein, inwieweit die Identität den Schwarzen, Braunen und Andersfarbigen, den Frauen und Transsexuellen aufgezwungen wurde. Glauben Sie, dass jemand freiwillig einer Gruppe angehört, die von Starbucks-Kunden verabschiedet wird? Ich kümmere mich um meine schwarzen Angelegenheiten, gehe die Straße entlang, und bekomme eine Gruppenidentität übergestülpt. Die Polizei sagt doch nicht: »Schaut mal, da kommt ein *Neger*

– ein hochintelligenter und wortgewandter Mann, der aus dem Nichts einen rhetorischen Sturm entfesseln kann. Den werden wir nicht nach seinen Papieren fragen.« Nein, sie behandeln mich als Teil einer Gruppe. Und was unsere Freunde nicht sehen wollen: Die Vorherrschaft dieser Gruppe ist so grausam, dass wir gar nicht die Gelegenheit haben, als Individuen zu existieren.

Individualismus ist das Kennzeichen der Moderne, da hat Mr. Peterson recht. Die Entwicklung des Individuums basiert auf Vorstellungen der Intelligenz – Immanuel Kant, David Hume und andere. In der Philosophie bringt Descartes das Wissen ins Spiel und sagt, dass Wissen auf einem Bezug zur goldenen Intelligenz basiert, es ist unser Spiegel. So wurde das Wissen in unserem Sein verankert.

Wissen hat auch eine körperliche Grundlage. Und das Wissen, das ich als Schwarzer mitbringe, wirkt auf meinen Körper, denn ich weiß, was Menschen von mir denken, und ich weiß, wie sie auf mich reagieren, und das ist keine Theorie.

Lehne ich Triggerwarnungen ab? Die einzige Triggerwarnung, die ich brauche, ist die von einem Polizisten: Werden Sie auf mich schießen? Das ist nicht komisch, in den Vereinigten Staaten werden immer wieder grundlos unbewaffnete junge schwarze Männer erschossen.

Deswegen ist die Identitätspolitik für mich eine ernste Sache. Deswegen auch sichere Räume, zum Beispiel an der Universität. Wenn Ihr Körper ein sicherer

Ort ist, dann haben Sie das nicht nötig. Einiges ist übertrieben, sogar lächerlich, das verstehe ich. Die Universität ist ein Ort des Lernens. Ich vertrete einen kritischen Umgang mit Wissen, basierend auf unserem gemeinsamen Verständnis der Werte der Aufklärung. Gleichzeitig sind eben einige Menschen weniger gleich als andere, also müssen wir die Bedingungen verstehen, aus denen sie kommen, in denen ihnen Wissen vorenthalten wurde und in denen sie von ihrer eigenen Kultur angegriffen wurden.

Ich habe keine größeren Jammerlappen kennengelernt als weiße Männer, die sich beschweren: »Mami, Mami, die lassen uns nicht mehr spielen und Spielsachen haben, so wie früher, als wir Rechte hatten, als wir Rassisten und Suprematisten und Vorherrscher und Patriarchen waren und Lesben und Schwule und Transsexuelle gehasst haben.« Ja, ihr müsst eben teilen. Diese Welt gehört nicht euch, sie gehört allen.

Lassen Sie mich mit einer Geschichte von David Foster Wallace enden. Zwei Fische schwimmen in eine Richtung, da kommt ihnen ein alter Fisch entgegen. Er fragt: »Hey Jungs, wie ist das Wasser?« Die beiden schwimmen weiter und sehen sich an: »Was ist Wasser?« Wenn man drin ist, dann kennt man es nicht. Und wenn man herrscht, dann weiß man es nicht. Keyser Söze sagt, den genialsten Streich hat uns der Teufel gespielt, als er uns weisgemacht hat, dass es ihn nicht gibt. Das ist die weiße Vorherrschaft.

**STEPHEN FRY:** Ich werde mich beeilen, denn wenn ich den Flieger nach London verpasse, dann kriege ich Ärger mit der Mutter des Bräutigams.

Wenn ich mich bereit erklärt habe, an dieser Debatte teilzunehmen und auf dieser Seite zu stehen, dann bin ich mir sehr bewusst, dass viele Leute, die das Thema der politischen Korrektheit fälschlicherweise als eine Frage des überkommenen Lagerdenkens von Rechts und Links sehen, glauben werden, dass ich mich mit den Werten und Anliegen verrate, die ich in den letzten Jahren vertreten habe. Ich habe schon jetzt eine Menge Ärger bekommen, nur weil ich hier neben Professor Peterson stehe, aber genau das ist der Grund, warum ich hier stehe.

Ich stehe neben jemandem, mit dem ich politisch und in allen möglichen anderen Fragen meine Differenzen habe, weil das alles aufhören muss: die Wut, der Unmut, die Feindseligkeiten, die Intoleranz, dieses Lagerdenken und vor allem diese Gewissheit. In unserer Welt hat sich ein Grand Canyon aufgetan, und der Bruch wird täglich größer. Keine Seite kann hören, was die andere kreischt, und sie will es auch gar nicht.

Während die Armeen und Propagandisten des Kulturkampfs aufeinanderprallen, versuchen die normalen Menschen unten in dem tiefen Graben zwischen diesen beiden Seiten ihr Leben zu führen. Dabei fühlen sie sich verblüfft, gelangweilt oder verraten von dem schrecklichen Lärm und den Explosionen um sie her. Es ist Zeit, dass dieser toxische und polarisierende Nullsummen-Wahn aufhört, ehe wir uns zerstören.

Ehe ich weiterspreche, will ich Flagge zeigen – es ist nur anständig, wenn ich Ihnen einen Eindruck davon vermittle, woher ich komme. Ich bin mein Leben lang ein Linker gewesen, ein softer Linker, ein Liberaler der händeringenden, windelweichen, ängstlichen Art. Kein glühender sozialistischer Barrikadenkämpfer, nicht einmal jemand, der die Bezeichnung »progressiv« verdient hätte. Ich war auf Demonstrationen, aber ich habe mich nie getraut, Plakate und Banner hochzuhalten. Bin ich einer der gefürchteten Social Justice Warrier, der Sozialen Gerechtigkeitskrieger? Ich halte nicht viel von sozialer *Un*gerechtigkeit, aber ich bin weniger ein Krieger als ein Bedenkenträger. Als junger Mann waren meine intellektuellen Helden Bertrand Russell, G. E. Moore und andere liberale Denker oder Schriftsteller wie E. M. Forster.

Ich glaube bis heute an die Heiligkeit der menschlichen Beziehungen, an das Primat der Herzens, der Freundschaft, der Liebe und der gemeinsamen Interessen. Das sind vermutlich eher persönliche und subjektive Ansichten und weniger politische und allgemeine Überzeugungen, es ist so etwas wie eine humanistische Spielart von religiösen Vorstellungen. Ich vertraue der Menschheit, ich glaube an die Menschheit – trotz allem, was in den vierzig Jahren meines Erwachsenenlebens passiert ist.

Ich bin soft und lasse mich leicht von härteren Herzen und Köpfen beiseitedrängen. Ich wundere mich, dass ich manchmal als Aktivist bezeichnet werde, obwohl ich mich tatsächlich energisch für einige Dinge eingesetzt habe, die man als Anliegen bezeichnen könnte. Ein Leben lang habe ich gewusst, dass ich schwul bin – ich habe es vom ersten Moment an gewusst.«

Als Jude empfinde ich eine natürliche und generelle Abscheu vor Rassismus. Selbstverständlich möchte ich, dass Rassismus, Frauenhass, Homophobie, Transphobie, Fremdenfeindlichkeit, Borniertheit, Schikanen und Intoleranz gegenüber allen möglichen Arten von Menschen enden. Ich gehe davon aus, dass das alle Anwesenden wollen. Die Frage ist nur, wie wir dieses noble Ziel erreichen. Was ich an der politischen Korrektheit beanstande ist, dass sie so viel in sich vereint, was ich ein Leben lang verachtet und abgelehnt habe: Moralpredigten, Frömmelei, Selbstgerechtigkeit, Hexenjagd, Denunziantentum, Pranger, unbewiesene Behauptungen, Anschuldigungen, Inquisition, Zensur. Aber das ist nicht der Grund, warum ich den Zorn anderer Liberaler auf mich nehme, indem ich mich auf diese Seite der Debatte stelle.

Mein eigentlicher Einwand gegen die politische Korrektheit ist, dass sie meiner Ansicht nach nicht funktioniert. Ich will auch auf den goldenen Hügel, aber ich glaube nicht, dass dieser Weg dorthin führt. Eine unserer größten menschlichen Schwächen ist, dass uns mehr daran gelegen ist, recht zu haben, als etwas zu bewirken. Und die politische Korrektheit ist geradezu besessen von der Rechthaberei, ohne einen Gedanken daran zu verschwenden, ob sie damit etwas bewirkt.

Ich würde mich nicht gerade als klassischen Libertären bezeichnen, doch ich genieße es, Verbote zu ignorieren. Ich empfinde ein tiefes und instinktives Misstrauen gegenüber Konformismus und Rechtgläubigkeit. Fortschritt wird nicht von Predigern und Moralaposteln erreicht, sondern, um es mit Jewgeni Samjatin zu sagen, von Verrückten, Einsiedlern, Ketzern, Träumern, Rebellen und Skeptikern.

Vielleicht irre ich mich – ich hoffe, dass ich das heute Abend herausfinde. Ich glaube tatsächlich, dass ich falschliegen könnte. Ich bin bereit, die Möglichkeit zuzulassen, dass uns die politische Korrektheit mehr Toleranz und eine bessere Welt bringt. Aber ich habe meine Zweifel.

Mein Motto für diesen Abend ist ein Zitat meines Helden Bertrand Russell: »Es ist eines der Übel unserer Tage, dass die selbstgewissen Menschen so dumm sind und die fantasievollen und klugen so voller Zweifel und Unentschlossenheit.« Möge der Zweifel siegen.

**RUDYARD GRIFFITHS:** Nach diesen ersten Stellungnahmen kommen wir zur Runde der Erwiderungen. Jeder Teilnehmer hat drei Minuten Zeit, um auf die anderen Beiträge zu antworten und weitere Argumente vorzubringen. Wir gehen in derselben Reihenfolge vor und beginnen mit Michelle Goldberg.

**MICHELLE GOLDBERG:** Der Versuch, Gruppen und Einzelpersonen gegeneinander auszuspielen, scheint mir ein wenig irreführend. Seit jeher gibt es große Gruppen von Menschen, die nicht in der Lage sind, ihre individuellen Rechte auszuüben. Und mit den Forderungen zugunsten von Randgruppen, wie wir »politisch korrekten Typen« sie nennen, soll erreicht werden, dass Menschen mit Identitäten, die normalerweise nicht im Mittelpunkt unserer Kultur oder an der Spitze der Hierarchie stehen, dasselbe Recht haben, ihre individuellen Talente zu nutzen und ihre individuellen Ziele zu erreichen.

Wenn wir verlangen, dass mehr Frauen an den Schalthebeln der Macht sitzen oder dass mehr Schwarze in den Kanon und in den Lehrplan und in die Filmbranche gehören, dann ist das Ziel nicht eine plumpe Art von Gleichheit, zumindest ist das nicht mein Ziel. Es geht vielmehr um die vielen Menschen, die sich lange Zeit nicht als Individuen verwirklichen konnten. Darum geht es der Frauenbewegung, darum geht es der Bürgerrechtsbewegung, darum geht es der Schwulenbewegung und unter anderem darum geht es auch der Transgender-Bewegung. Das sind keine kollektivistischen Bewegungen, sondern eine Zielvorstellung des klassischen Liberalismus. Diese Leute sagen: »Ich habe das Recht, meine Identität selbst zu definieren, und zwar gegen diejenige, die mir kollektiv zugewiesen worden ist.«

Vielem von dem, was Stephen Fry gesagt hat, würde ich wahrscheinlich zustimmen, vor allem seinem Temperament. Aber Inquisition und Zensur – ich verstehe, was Sie meinen, aber das kommt mir ein bisschen theoretisch vor. Wer zensiert Sie denn? Ich weiß, wie es ist, zensiert zu werden. Ich weiß, wie es ist, wenn ein Twitter-Mob über einen herfällt oder wenn man eine Menge hässliche Kommentare bekommt. Das ist nicht schön. Das sind kontraproduktive Methoden, aber Zensur ist das nicht.

In meinen Ohren klingt das sonderbar – ich komme aus einem Land, dessen Präsident dem Eigentümer der *Washington Post* höhere Zustellgebühren abverlangen will, um sich für die kritische Berichterstattung zu rächen. Ein Land, in dem Football-Spieler, die niederknien, um gegen die Brutalität der Polizei zu protestieren, ihre sportliche Laufbahn aufs Spiel setzen. Oder in dem Frauen, die Mr. Peterson kritisieren, von Internettrollen bedroht und frauenfeindlich beleidigt werden.

**JORDAN PETERSON:** Ich würde der gemäßigten Linken eine Frage stellen, vielleicht ganz ähnlich wie Mr. Fry. Ich habe mich ausführlich mit dem Totalitarismus in seinen verschiedenen Formen beschäftigt, und zwar sowohl linkem wie rechtem Totalitarismus. Ich denke, wir wissen inzwischen sehr genau, ab welchem Punkt rechte

Überzeugungen gefährlich werden – etwa wenn Rechte von der Überlegenheit einer Rasse oder eines Volks sprechen. Es ist einfach, eine Linie zu ziehen und sich davon abzugrenzen, und das ist auch notwendig. Das haben wir ganz gut hinbekommen.

Auf der Linken sehe ich das nicht – damit meine ich die vernünftige Linke, die hat sich nicht gegen die radikale Linke abgegrenzt. Deswegen meine Frage: Wenn wir die überzogene Linke nicht über das Dreigestirn von Vielfalt, Inklusivität und Gleichheit definieren wollen – wobei ich mit Gleichheit nicht Chancengleichheit meine, die ja ein absolut erstrebenswertes Ziel ist, sondern Ergebnisgleichheit, so wie sie ja heute gefordert wird – worüber wollen wir uns dann gegenüber der extremen Linken abgrenzen?

Wollen wir sagen, dass es gar keine extreme Linke gibt? Das haben viele Intellektuelle das gesamte 20. Jahrhundert hindurch getan. Zum Beispiel in Frankreich haben die Intellektuellen die Augen vor allem verschlossen, was in der katastrophalen linken Welt der Sowjetunion und im maoistischen China passiert ist. Wir haben es nicht geschafft, klar zu unterscheiden, was auf der Linken nützlich ist und was pathologisch.

Es ist völlig in Ordnung, wenn jemand meinen Versuch kritisiert, eine solche Linie zu ziehen. Wir könnten sagen, Vielfalt, Inklusivität und Gleichheit – vor allem Gleichheit im Sinne von Ergebnisgleichheit, eine entsetzliche Vorstellung. Das weiß jeder, der sich ein bisschen mit der Geschichte beschäftigt hat. Aber ich bin bereit, über vernünftige Alternativen zu sprechen. Aber die Linke, auch unsere Kontrahenten in dieser Debatte, legen jedes erdenkliche Argument auf der Ebene der Gruppenidentifikation aus. Und sie helfen uns nicht, die vernünftige Linke, die für die Benachteiligten eintritt, von der pathologischen Linken zu unterscheiden, die unglaubliche Zerstörung anrichten kann.

An den Universitäten, die von der Linken beherrscht werden – und das ist keineswegs meine Erfindung, das haben vernünftige Leute wie Jonathan Haidt gut dokumentiert –, wird diese Unterscheidung nicht vorgenommen. Und das sehe ich auch heute Abend hier.

**MICHAEL ERIC DYSON:** Ich weiß nicht, welches mythische Kollektiv Mr. Peterson meint. Ich gehöre der Linken an. Sie ist streitsüchtig.

Die Skepsis der Vernunft basiert auf dem Konzept der Aufklärung, das besagt, dass wir nicht mehr dem Aberglauben ausgeliefert sind. Wir wollen denken, und wir wollen richtig denken.

Thomas Jefferson war einer der großen Vertreter der Vernunft, aber er war auch ein Sklavenhalter. Wie lässt sich das vereinbaren? Diese Art von Komplikation meine ich. Das ist nicht entweder/oder, das ist keine kollektive Identität. Thomas Jefferson glaubte an die kollektive Identität – tagsüber. Nachts hat er dann Musik aufgelegt, ist in die Hütten der Sklaven gegangen und hat mit Sally Hennings Kinder gezeugt. Seine Lenden waren stärker als seine Vernunft.

Und wenn Mr. Peterson von der Postmoderne redet, dann weiß ich nicht, was er meint. Ich unterrichte Postmoderne – es macht Spaß! Jacques Derrida – es macht schon Spaß, den Namen auszusprechen. Michel Foucault sprach von der Auflehnung des unterdrückten Wissens, und darüber, dass Menschen, die an den Rand gedrängt worden waren, nun zu sprechen beginnen. Die »Subalternen«, wie Gayatri Spivak sie in der postkolonialen Theorie nennt. Die Stimme dieser Menschen war lange unterdrückt, aber nun sprachen sie. Wie Ms. Goldberg sagt, wird uns unsere Gruppenidentität aufgezwungen, man sieht uns nicht als Individuen. Als Babe Ruth seinen Home-Run-Rekord aufgestellt hat, da hat er nicht gegen die besten Baseballspieler gespielt, sondern gegen die besten *weißen* Baseballspieler. Wenn das Spiel zu ihren Gunsten manipuliert wird, dann ist es schwer zu erkennen, wie sehr es manipuliert wurde. Man kommt mit einem Vorsprung zur Welt, und dann gewinnt man das Rennen.

Aber ironischerweise beziehen wir unser Identitätsgefühl genau von der Kultur, die wir ignorieren. Schauen Sie sich die indigenen Namen an – Toronto, Saskatchewan, Winnipeg.

Aber es gibt eine gewisse Eifersucht auf die Freiheit, die Schwarze und andere Minderheiten haben, denn wir tragen profundes Wissen in uns. Wie der größte lebende kanadische Philosoph, der Rapper Aubrey »Drake«

Graham sagt: »Eifersucht ist Liebe und Hass zugleich.«

Ich stimme Mr. Fry zu: Wir sollten nicht gemein und aggressiv sein. Aber ich sehe diese Gemeinheit und Aggressivität nicht. Ich sehe den Wunsch nach Respekt für die individuelle Identität. Wenn ich erschossen werde, nur weil ich schwarz bin, und wenn ich nur aufgrund meiner Hautfarbe in Schubladen gesteckt werde, dann lebe ich in einer Kultur, die sich weigert, mich als großartiges Individuum anzuerkennen.

**STEPHEN FRY:** Es ist ja interessant zu hören, dass es gar kein Problem zu geben scheint. Aber intuitiv wissen wir alle, dass es doch ein Problem gibt. Natürlich gibt es keine Zensur, wie es sie zum Beispiel in Russland gibt. Ich war in Russland, um einem zutiefst homophoben und unangenehmen Mann entgegenzutreten. In Russland gibt es politische Korrektheit, es ist eben die politische Korrektheit der Rechten.

Und mit genau dieser politischen Korrektheit bin ich groß geworden. Das bedeutete zum Beispiel, dass man im Fernsehen bestimmte Dinge nicht sagen durfte, etwa das Wort »fuck«, weil das nicht korrekt war. Und wie immer ist dann jemand gekommen und hat gesagt: »Mir persönlich macht das ja nichts aus. O nein, natürlich nicht. Mir nicht. Aber ich spreche für andere – junge, formbare und verwundbare Menschen.«

Aber das reicht nicht. Schauen Sie, mir ist es egal, ob Sie mich als Schwuchtel oder Jud oder Spinner bezeichnen, weil ich psychische Probleme habe. Es ist mir egal, wenn mich jemand beleidigt. Dann sagen die Leute: »Ja, du, Stephen, du bist ja auch stark.« Aber ich fühle mich nicht sonderlich stark, und es gefällt mir auch nicht besonders, wenn man mich als Schwuchtel beschimpft. Auf der anderen Seite glaube ich nicht, dass die Fortschritte in meiner Kultur, die es mir vor drei Jahren erlaubt haben, einen Mann zu heiraten, ein Verdienst der politischen Korrektheit sind.

Vielleicht ist die politische Korrektheit ja so etwas wie eine Forelle – je mehr wir sie packen wollen, umso mehr entgleitet sie uns. Vielleicht sagen Sie jetzt: »Das meine ich ja gar nicht, ich meine soziale Gerechtigkeit.« Dafür bin ich auch, egal ob Sie das Identitätspolitik nennen oder die Geschichte *Ihres* Volkes oder die Geschichte *meines* Volkes. Mein Volk war auch versklavt. Die Briten waren Sklaven der Römer, die Juden waren Sklaven der Ägypter, alle Menschen waren irgendwann einmal Sklaven, und in dem Sinne wissen wir alle, wie wichtig es ist, den Mund aufzumachen.

Aber mein Freund Russell Means, der Gründer des American Indian Movement, sagte einmal: »In Gottes Namen, nenn mich Indianer oder Lakota Sioux oder Russell. Das Entscheidende ist, wie wir behandelt werden.« Und in Barrow in Alaska hat ein Iñupiat zu mir gesagt: »Nenn mich Eskimo. Das ist sicher einfacher für dich, weil du Iñupiat dauernd falsch aussprichst.«

Lassen Sie mich mit einer kurzen Geschichte schließen. In England haben wir Rechte für Homosexuelle erkämpft, indem wir geduldig und hartnäckig an die Türen der Mächtigen geklopft haben. Wir haben nicht gebrüllt und geschrien. Schließlich wurden Leute wie Ian McKellen zum Premierminister vorgelassen. Und als die Queen das Gesetz zur Ehe für alle unterschrieben hat, hat sie gesagt: »Lieber Gott, das hätte ich mir 1953 nicht vorstellen können. Wirklich außergewöhnlich, nicht wahr? Einfach wunderbar!« Und damit hat sie es zurückgegeben.

Das ist eine hübsche Geschichte, und ich hoffe, sie stimmt. Aber mit politischer Korrektheit hat sie nichts zu tun, sondern mit menschlichem Anstand. So einfach ist das.

**RUDYARD GRIFFITHS:** Nach den Erwiderungen kommen wir zum Diskussionsteil der Debatte, in dem beide Seiten einige der zentralen Fragen erörtern. Es gab einige Reibung zwischen den Rechten von Gruppen, die gesellschaftliche Teilhabe fordern und ihre Gruppenidentität selbst definieren wollen, und auf der anderen Seite die Befürchtung, dass etwas in Gefahr gerät, wenn diese Gruppen durch positive Diskriminierung oder andere ergebnisorientierte Maßnahmen zu sehr bevorzugt werden.

Wir beginnen mit einer Frage an Michael Eric Dyson. Warum ist es nicht schädlich, wenn man Menschen in erster Linie als Angehörige einer Gruppe behandelt, also nach ihrer Hautfarbe oder ihrem Geschlecht, und nicht als Individuen, wie Mr. Peterson oder Mr. Fry dies verlangen?

**MICHAEL ERIC DYSON:** Zunächst einmal ist das ja keine willkürliche Unterscheidung, die Schwarze oder Angehörige anderer Minderheiten vorgenommen haben. Hautfarbe, Geschlecht und Gruppendenken wurden nicht von den Gruppen erfunden, die so genannt wurden, wie Ms. Goldberg gesagt hat. Das heißt, als allererstes müssen wir die historische Entwicklung dieser Situation anerkennen. Die Gruppenidentität wurde nicht von diesen Gruppen erfunden. Sie wurde von einer Gruppe erfunden, die ihre Identität nicht benennen musste. Wer die Macht hat, muss sich nicht erklären. Viele weiße Brüder und Schwestern sehen sich selbst nicht als eine Ethnie oder Gruppe unter vielen. Sie sagen: »Ich bin einfach nur Amerikaner oder Kanadier – könnt ihr nicht so sein wie wir? Könnt ihr diese engstirnige Gruppendenke nicht hinter euch lassen?«

Aber diese Gruppenidentität wurde ihnen genau von den Leuten aufgedrückt, deren Machtposition jetzt angefochten wird. Machen wir uns nichts vor: Sie wird angefochten. Ich stimme Mr. Fry zu, in einer Art Nimmerland wäre es hübsch, wenn das alles von einem König oder einer Königin gelöst würde. Aber die Wirklichkeit sieht anders aus. In der wirklichen Welt steht viel auf dem Spiel. Es geht um Leben. Leute werden gelyncht und ermordet. Leute werden aufgrund ihrer Sexualität und Hautfarbe angegriffen. Wir haben nichts dagegen, als Individuen behandelt zu werden – das verlangen wir sogar. Sehen Sie mich bitte nicht als Teil einer Gruppe, die Sie als Verbrecher, Nigger, Nihilisten oder Kranke bezeichnen. Sehen Sie mich als Individuum.

Was Michelle gesagt hat, ist extrem wichtig: Die Menschen, die individuelle Rechte haben, mussten nicht in derselben Weise dafür kämpfen wie Schwarze und andere. Als Mr. Fry von Sklaverei gesprochen hat, hat er sie benannt. Lesen Sie Orlando Pattersons vergleichende Geschichte von Rasse und Sklaverei in 28 Kulturen. Die Griechen hatten eine andere Art von Sklaverei als die Amerikaner. Die Griechen hatten die Leibeigenschaft, die Sklaven konnten ihre Freiheit erkaufen, sie haben die Kinder der Sklavenhalter unterrichtet, und mit ihrem Intellekt konnten sie ihre Freiheit erlangen. Das war in den Vereinigten Staaten anders, da wurden Sklaven bestraft und getötet, wenn sie lesen konnten.

Worauf ich hinauswill: Ich bin sehr dafür, umfassendere Identitäten zu würdigen, aber Minderheiten werden oft nicht ausreichend gewürdigt.

In den Vereinigten Staaten haben wir die Südstaatenflagge. Weiße aus dem Süden verwenden diese Flagge, die für die Rebellen steht, die den Sieg des Nordens nicht anerkennen wollten. Die Flagge der Vereinigten Staaten lehnen sie ab. Das sind keine Amerikaner, sie bejubeln die Abspaltung von den Vereinigten Staaten. Aber wenn ein schwarzer Footballspieler namens Colin Kaepernick sagt, dass er der Flagge der Vereinigten Staaten ihre Schönheit zurückgeben will, dann darf er das nicht.*

Deshalb sollten wir erst einmal klären, worüber wir sprechen, ehe wir diskutieren.

**RUDYARD GRIFFITHS:** Mr. Peterson, worin sehen Sie die Gefahr der Gruppendenke, wenn es um Geschlecht und Hautfarbe geht? Warum halten Sie das für den Sündenfall der politischen Korrektheit?

**JORDAN PETERSON:** Nur um das klarzumachen, in meinem Augen ist die politische Korrektheit der Sündenfall jeglicher Identitätspolitik, ob rechts oder links. Da unsere Diskussion gelegentlich persönliche Züge annimmt, möchte ich unterstreichen, dass ich auch kein Freund der identitären Rechten bin. Wer mit Ideen spielt, an deren erster Stelle die Identität der Gruppe steht, der riskiert Stammeskriege. Ganz egal, ob das die Rechte oder die Linke ist.

Was die Rechte von Gruppen angeht, haben wir in Kanada einen schlimmen Weg eingeschlagen, nicht zuletzt, weil wir mit der Bedrohung des Separatismus von

---

* Colin Kaepernick löste einen Skandal aus, als er sich vor einem Spiel im August 2016 nicht zur Hymne erhob. »Ich stehe nicht auf und demonstriere für eine Fahne, die für ein Land steht, das Schwarze unterdrückt«, erklärte er. Mit seinem Protest fand er zahlreiche Nachahmer unter schwarzen Footballspielern. (Anm. d. Übers.)

Quebec umgehen mussten. Der Gedanke an Rechte von Gruppen ist außerordentlich problematisch. Die andere Seite der Rechte des Einzelnen sind die Pflichten des Einzelnen. Einzelpersonen kann man zur Verantwortung ziehen, und Einzelpersonen können auch Verantwortung übernehmen, und das ist einer der Gründe, warum sie Rechte haben.

Aber Gruppen – wie kann man Gruppen zur Verantwortung ziehen? Es wäre keine gute Idee, Gruppen zur Verantwortung ziehen zu wollen. Das widerspricht dem Rechtswesen, das wir im Westen entwickelt haben, das von der Vermutung der Unschuld des Einzelnen ausgeht, aber auch von der möglichen Schuld – aber nicht von Kollektivschuld. Im 20. Jahrhundert haben wir es wieder und wieder erlebt, was passiert, wenn die Vorstellung von Kollektivschuld einer Gruppe Eingang in die Politik und das Rechtswesen erhält. Das Ergebnis war eine absolute Katastrophe.

Aber gut, Rechte von Gruppen. Wie geht man mit der anderen Seite um? Wo sind die Pflichten der Gruppe? Wie will man Gruppen zur Verantwortung ziehen? Ich bekomme zur Antwort, darüber müssten wir nicht sprechen, es gehe darum, das Unrecht der Vergangenheit geradezurücken. Ich will nicht in Abrede stellen, dass es in der Vergangenheit furchtbares Unrecht gegeben hat, aber darum geht es nicht. Es geht um Grundsätzliches, und hier sind Rechte von Gruppen meiner Ansicht nach eine absolute Katastrophe.

**RUDYARD GRIFFITHS:** Ms. Goldberg, zu diesem Thema haben Sie etwas geschrieben. Ihrer Ansicht nach ist die Gruppenidentität ein wichtiger Teil des Diskurses, und Einzelpersonen können und sollten als Teil von Gruppen gesehen werden, wenn sie in der Gesellschaft agieren.

**MICHELLE GOLDBERG:** Ich glaube nicht, dass wir Parallelen zum Individuum herstellen müssen. Im Falle des Einzelnen sind Pflichten das Gegenstück zu Rechten, aber ich glaube nicht, dass das auf Gruppen zutrifft.

Unsere Debatte ist etwas kompliziert, weil wir hier über drei verschiedene Kulturen, drei verschiedene Geschichten und drei verschiedene Rechtssysteme sprechen.

In der Politik der Vereinigten Staaten ging es vor allem darum, dass Gruppen für die Rechte ihrer einzelnen Angehörigen kämpfen: Frauen kämpfen um das Recht, selbst über ihre Fortpflanzung zu bestimmen; Afroamerikaner wehren sich gegen die Brutalität der Polizei, gegen Diskriminierung oder einfach die Tatsache, dass Weiße die Polizei rufen, wenn sie einen Afroamerikaner irgendwo sehen, wo er ihrer Ansicht nach nicht sein sollte. Mit gesellschaftlichen Problemen dieser Art kann man nicht umgehen, wenn man die Gesellschaft als Meer von isolierten Einzelpersonen betrachtet.

Ich glaube nicht, dass es schädlich ist, wenn sich Menschen aufgrund ihrer gemeinsamen Identität zusammenschließen, um etwas gegen ihre Diskriminirung und Ausgrenzung zu unternehmen. Das gehört zum Besten unserer Demokratie, das *ist* die Definition von Fortschritt.

Deswegen störe ich mich an der Vorstellung, dass das tyrannisch sein oder dass das der Weg zum Stalinismus sein soll. Kritiker der politischen Korrektheit sprechen gern von der »Überkategorisierung«, ich glaube, das hat ein australischer Akademiker aufgebracht. Das bedeutet, dass man einen Ku-Klux-Klan-Führer und einen konservativen Journalisten wie Ben Shapiro über einen Kamm schert oder dass alle, die rechts von mir stehen, automatisch unerträgliche Faschisten und Sexisten und Unterdrücker sind. Das passiert tatsächlich, auch weil Studenten oft in etwas überzogenen Kategorien denken – das habe ich früher auch, und vielleicht tue ich das immer noch ein bisschen. Aber ich höre dieses Argument auch gegen die politische Korrektheit und dagegen, dass Gruppen Unrecht geraderücken wollen. Dann heißt es, das sei »entmenschlichend«.

**RUDYARD GRIFFITHS:** Was sagen Sie dazu, Mr. Fry?

**STEPHEN FRY:** Ich frage mich immer noch, warum wir eigentlich nicht über politische Korrektheit sprechen. Wir sprechen über Politik, aber das ist auch in Ordnung. Ich stimme Ihnen da ja auch zu. Ich bin kein Gegner der Identitätspolitik an sich. Aber ich sehe auch, wo sie auf dem Holzweg ist und wo sie nervt.

Aber gehen wir doch empirisch vor. Wie gut funktioniert das heute in den Vereinigten Staaten? Nicht besonders gut, eigentlich überhaupt nicht. Trump in den Vereinigten Staaten, der Brexit in Großbritannien, der Siegeszug von allen möglichen Nationalisten in Europa – das ist nicht der Erfolg der Rechten, sondern das Scheitern der Linken. Das ist unsere Schuld.

Ich bin jetzt kein Rechter geworden, ich bin jetzt nicht lieb und nett und will, dass alle lieb zueinander sind. Ich sage nur: Scheiß auf die politische Korrektheit. Wehrt euch. Kämpft. Wenn ihr eine Meinung habt, dann kämpft richtig dafür, benutzt die demokratischen Mittel dazu und nicht das Bildungswesen oder die Sprache.

Im Schach ist der beste Zug nicht unbedingt der beste Zug, sondern derjenige, den der Gegner sich am wenigsten wünscht. Heute treiben Sie der Rechten die Leute in die Arme, weil Sie sie nerven und ärgern, statt zu kämpfen oder zu überzeugen. Politische Korrektheit funktioniert nicht.

**MICHAEL ERIC DYSON:** Sie wollen empirisch sein. Wenn ich das richtig verstehe, dann bedeutet »empirisch«, dass sich etwas mithilfe der Sinne bestätigen oder widerlegen lässt.

**STEPHEN FRY:** Genau.

**MICHAEL ERIC DYSON:** Wenn wir die Sache objektiv betrachten, dann ist es doch so, dass heute nicht alle denselben Zugang zu den Mitteln haben, um das auszudrücken, wovon Sie sprechen.

**STEPHEN FRY:** Nein, nein, nein. Ich spreche von den empirischen Resultaten dieser politischen Strategie.

**MICHAEL ERIC DYSON:** Das verstehe ich schon. Aber ich meine etwas anderes: Die Leute benutzen die Mittel, die sie zur Hand haben. Der Rabbiner Abraham Joshua Heschel hat gesagt, jeder ist unschuldig, aber jeder ist verantwortlich. Das ist ein Unterschied.

Natürlich ist jeder unschuldig, aber es ist interessant, sich die andere Seite anzusehen. Wenn man dreihundert Jahre lang davon profitiert hat, Menschen zu versklaven, und dann denkt, dass man alles seiner eigenen Leistung zu verdanken hat, dann denkt man: »Warum strengen sich diese Leute nicht einfach mehr an?« Aber man hat diese Leute dreihundert Jahre lang unterdrückt, man hat ihnen die Rechte verweigert. Dann befreit man sie und sagt: »Ihr seid jetzt Individuen« – ohne die Fähigkeiten, ohne …

**JORDAN PETERSON:** Wen meinen Sie mit *man*?

**MICHAEL ERIC DYSON:** Ich meine in erster Linie die amerikanische Gesellschaft, ich meine die Nordhalbkugel, ich meine jede Gesellschaft, in der es Sklaverei gegeben hat, und ich meine konkret, dass man Afroamerikanern Rechte vorenthalten hat und dass man ihnen die Möglichkeit vorenthalten hat, Individuen zu sein.

Idealerweise sollte tatsächlich das Individuum im Vordergrund stehen, und ich denke, Ms. Goldberg stimmt mir da zu. Aber man hat uns nicht gestattet, Individuen zu sein, man hat uns ja nicht erlaubt, unsere Autonomie und Selbstbestimmung als Individuen auszuüben. Und diese Weigerung, mich als Individuum anzuerkennen, bedeutet, dass man auf einen zwölfjährigen Jungen im Park schießt, wenn er schwarz ist, aber nicht, wenn er weiß ist, und dass man ihn nicht als Individuum behandelt.

Wenn Sie in einer Gesellschaft leben, in der Frauen Opfer von abscheulichen patriarchalen, sexistischen und frauenfeindlichen Verhaltensweisen sind, dann verweigern Sie den Frauen ihre Individualität, Sie behandeln sie nach der Gruppendynamik.

Die große amerikanische Philosophin Beyoncé Knowles hat gesagt, der Rassismus ist so amerikanisch, dass man ihn nicht kritisieren kann, ohne dass es so aussieht, als würde man Amerika kritisieren. Wir wehren uns gegen die Ungleichheit; wir wehren uns dagegen, dass man uns nicht als Individuen sieht. Wenn wir das überwunden haben, dann haben wir alle gleiche Chancen.

**JORDAN PETERSON:** Nehmen wir einen Moment lang an, dass ich von meinen weißen Privilegien profitiert habe.

**MICHAEL ERIC DYSON:** Das ist eine gute Annahme.

**JORDAN PETERSON:** Das ist klar, dass Sie das sagen. Aber werden wir mal präzise.

**MICHAEL ERIC DYSON:** Gut, werden wir präzise.

**JORDAN PETERSON:** In welchem Umfang sind meine Leistungen eine Folge dieses weißen Privilegs? Meinen Sie fünf Prozent? 15 Prozent? 25 Prozent? 75 Prozent? Und was soll ich dagegen tun?

Wie wäre es mit einer Steuer? Ich meine, eine Steuer, die speziell auf mich zugeschnitten ist, die meinem Privileg Rechnung trägt, damit ich mir das nicht mehr anhören muss?

Eine andere Sache, in der wir präzise werden sollten. Wenn wir uns darauf einigen können, dass die Linke zu weit gehen kann – was wir nicht haben –, dann möchte ich die verehrten Vertreter der Gegenseite fragen, ab welchem Punkt genau die Linke, zu der sie sich zählen, zu weit geht. Gleichheit – also Ergebnisgleichheit – hat Ihnen nicht gefallen, aber ich halte das für ein gutes Kriterium. Aber wenn Sie einen besseren Vorschlag haben und dieser Frage nicht ausweichen, dann wollen wir überlegen, wie ich mein weißes Privileg beseitigen kann, und Sie können mir sagen, wann die Linke zu weit geht, denn das kann sie.

Und darum geht es in dieser Debatte, um politische Korrektheit. Es geht darum, ab wann die Linke zu weit geht, und ich glaube, dass sie in vielfacher Hinsicht zu weit geht, und ich würde gern herausfinden, wie und wann das passiert, damit die vernünftige Linke wieder zum Zug kommt und wir diesen ganzen Unfug hinter uns lassen können.

**RUDYARD GRIFFITHS:** Ms. Goldberg, was sagen Sie?

**MICHELLE GOLDBERG:** Wenn Sie nichts dagegen haben, möchte ich gern zuerst auf Mr. Fry antworten. Sie haben davon gesprochen, wie wir Trump bekommen haben und dass dies ein Versagen der Linken ist.

Als Journalistin war ich während des Wahlkampfs auf einer Menge Trump-Veranstaltungen in verschiedenen Teilen des Landes. Sie haben recht: Überall haben sich die Leute viel mehr über die politische Korrektheit aufgeregt als etwa über die NAFTA. Aber wenn man sie gefragt hat, was sie damit meinen, dann haben sie sich beschwert, dass sich eine Kollegin beschwere, man habe sie »Mädel« genannt. Oder dass man nicht öffentlich fragen durfte, ob der Präsident ein Muslim ist. Oder dass sie keine Schwulenwitze mehr machen durften.

Das heißt, ja, auf der einen Seite haben Sie recht. Wenn die Leute solche Vorurteile haben und man versucht, sie zu unterdrücken, dann erzeugt das eine gefährliche Gegenreaktion. Aber was diese Leute politische Korrektheit genannt haben und was sie nicht ertragen konnten, das war die Tatsache, dass sie diesen weltmännischen schwarzen Präsidenten hatten und dass sie das Gefühl hatten, dass der sie von oben herab behandelt. Das haben sie eigentlich gemeint. Dagegen kann man nichts tun, aber das ist das, was ich als Fortschritt bezeichnen würde.

Was die Frage angeht, wann die Linke zu weit geht – das scheint mir leicht zu beantworten: Gewalt und Zensur. Ich bin gegen Gewalt und gegen Zensur. Wenn ich mich in der Welt umsehe, dann verstehe ich, dass viele von der Linken genervt sind. Im Internet sind eine Menge Leute unterwegs, die auf eine x-beliebige Bemerkung hin in den sozialen Medien einen Shitstorm entfesseln. Das hängt oft mit politischer Korrektheit zusammen, und das ist nicht in Ordnung. Ich wünschte mir, das ließe sich irgendwie abstellen. Aber ich fürchte, es reicht nicht, wenn vernünftige Liberale oder Sozialisten das kritisieren. Es ist einfach ein furchtbares Phänomen des modernen Lebens. Und wenn Sie eine Debatte zu der Frage veranstalten wollen, ob die sozialen Medien der Demokratie schaden, dann bin ich auf der Ja-Seite. Aber wenn wir uns ansehen, welchen Zulauf heute Faschisten in aller Welt bekommen, dann glaube ich, dass man die radikale Linke nur dann als Bedrohung sehen kann, wenn man sein Leben an der Universität verbringt.

**RUDYARD GRIFFITHS:** Mr. Dyson, was sagen Sie zu den Ausführungen von Mr. Peterson? Wie soll er in dieser Debatte seine gleichberechtigte Stimme zurückbekommen, wenn man ihm vorwirft, dass er einen Ballast von weißen Privilegien mit sich herumschleppt, der ihm den Blick auf die aktuellen Probleme verstellt?

**MICHAEL ERIC DYSON:** Aber mit der Fragestellung machen Sie sich ja schon zum Komplizen. Sie setzen an einem strittigen Punkt an. Sie sagen, wie kann er seine Gleichheit wiederbekommen? Wen meinen Sie damit? Jordan Peterson, Nummer-1-Trend auf Twitter? Jordan Peterson, der Bestsellerautor? Ich würde mir wünschen, dass er etwas über mich und mein Buch twittert.

Jordan Peterson, ich will Ihnen was sagen: Warum so viel Wut, Bruder? Es geht Ihnen doch gut, aber Sie sind ein böser und zorniger weißer Mann. Ich habe noch nie so viel Gejammer gehört. Und wenn Sie die Frage nach weißen Privilegien stellen und wenn Sie in Ihrer abschätzigen, pseudowissenschaftlichen, nicht empirischen und ungerechtfertigten Art fragen, dann sage ich Ihnen, empirisch und präzise, dass sich das weiße Privileg nicht nach messbaren Segmenten verhält. Es geht darum, inwieweit wir bereit sind, uns mit den Idealen Freiheit, Gerechtigkeit und Gleichheit auseinanderzusetzen, auf denen unsere Gesellschaft basiert.

Das Zweite, was mir interessant erschien, war die Tatsache, dass Sie behaupten, keine kollektive Identität zu haben. Was ist denn eine Nation? Sind Sie Kanadier? Sind Sie das allein? Sind Sie ein Individuum? Sind Sie Teil einer Gruppe?

Als die Vereinigten Staaten gegründet wurden, taten sie das in Abgrenzung zu einer anderen Gruppe. Es ist doch so, dass Leute, die Teil einer Gruppenidentität sind, anderen Gruppen ihre Berechtigung absprechen und Unmut gegen sie hegen. Diese Möglichkeit will ich auch haben. Was Sie da erwähnen – der Unterschied zwischen Chancengleichheit und Ergebnisgleichheit –, das ist doch ein altes und längst widerlegtes Argument, das ist Phrasendrescherei aus den Hochtagen der Quotendebatte. Stellen Sie sich vor, ein Mensch kommt nach einer langen Zeit der Unterdrückung frei, und Sie sagen ihm: »Jetzt hast du die Freiheit zu überleben.« Wenn dieser Mensch keine Fähigkeiten hat und keine Möglichkeit, seinen Lebensunterhalt zu verdienen, dann haben Sie ihn in die Unterdrückung entlassen. Deswegen sage ich mit Lyndon B. Johnson, einem unserer großen Präsidenten: Wenn jemand mit einem Jahrhundert Rückstand ins Rennen geht, dann hat er es verdammt schwer, wieder aufzuholen.

Wenn Jordan Peterson unter irgendetwas leidet, dann unter seinem überzogenen Anspruchsdenken, seinem Ärger und seinem weißen Privileg, das er selbst nicht wahrnimmt und das sich mit seiner tödlichen Intensität und Wildheit hier auf der Bühne manifestiert.

**RUDYARD GRIFFITHS:** Möchten Sie darauf antworten, Mr. Peterson?

**JORDAN PETERSON:** Aus diesen Erwiderungen nehme ich zweierlei mit. Erstens reicht es absolut nicht aus zu sagen, dass die radikale Linke zu weit geht, wenn sie Gewalt ausübt. Bei der radikalen Linken gibt es Vorstellungen, die im 20. Jahrhundert in die Katastrophe geführt haben, und zwar auf der Ebene der Ideen, nicht der Gewalt. Es ist wohlfeil zu sagen, dass man gegen Gewalt ist – das ist so, als würde man sagen, dass man gegen Armut ist. Anständige Menschen sind in der Regel gegen Gewalt und gegen Armut. Aber das reicht nicht aus.

Und was meine Privilegiertheit angeht – ich würde nicht behaupten, dass ich keine Vorteile oder Nachteile im Leben gehabt habe, so wie die meisten anderen Menschen auch. Sie wissen nichts von meiner Geschichte oder wo ich herkomme, aber das interessiert Sie ja auch gar nicht, weil ich für Sie einfach nur ein »weißer Mann« bin. Das ist ein verdammt starkes Stück, so etwas in einer Debatte zu sagen.

**MICHAEL ERIC DYSON:** Wenn ich Sie als bösen weißen Mann bezeichnet habe, dann nicht aufgrund einer archäologischen Erforschung Ihrer Vergangenheit. Das ist doch offensichtlich an der Giftigkeit, mit der Sie hier auftreten und den Teilnehmern einer Debatte die Gleichberechtigung absprechen. Deswegen wiederhole ich mich,

Sie sind ein böser weißer Mann, und die Giftigkeit ist offensichtlich.

**RUDYARD GRIFFITHS:** Wir sollten das Thema wechseln. Sprechen wir über einen anderen Aspekt der politischen Korrektheit, die #MeToo-Bewegung und die Entstehung dieser Bewegung in Folge von schwerem und systematischem Missbrauch und von Unrecht gegenüber Frauen.

Es gibt allerdings Stimmen, die behaupten, dass wir uns gerade in einer Art kultureller Panik befinden, dass das Pendel zu weit ausschwingt, dass wir es mit einer gefährlichen Überreaktion zu tun haben, dass die Rechte und der Ruf von Einzelnen und die Rechtsstaatlichkeit missachtet werden. Was sagen Sie dazu, Michelle?

**MICHELLE GOLDBERG:** Diese Stimmen gab es doch schon zwei Wochen nachdem die ersten Geschichten über Harvey Weinstein bekannt wurden – sobald Weinstein und andere Männer ihre Jobs verloren haben. Das war etwas Neues, dass Männer, die lange und systematisch Frauen missbraucht haben, plötzlich ihre Jobs verloren haben. Das war schon lange bekannt und man hat darüber hinweggesehen, aber plötzlich war es anders und hat ein kulturelles Erdbeben ausgelöst. Und sofort kam eine Menge Angst auf: »Was, wenn das zu weit geht?«

Die #MeToo-Bewegung war erst ein paar Monate alt, als Autoren in den Kolumnen der *New York Times* gefragt haben: »Warum kann ich nicht auch #MeToo kritisieren?«

Ist es wichtig, die Rechtsstaatlichkeit zu wahren? Natürlich. Aber die Betroffenen haben ihre Stellen nicht wegen grundlosen Gerüchten à la McCarthy verloren. Das waren Leute, die in der Arbeit den Schwanz rausgeholt haben, die zig Millionen an Abfindung bekommen haben, die vier Monate weg waren und jetzt ihr Comeback starten. Bill O'Reilly bekommt bald eine neue Sendung bei einem anderen Sender. Es wird immer so getan, als ob Männer jetzt Angst haben müssen, den Mund aufzumachen, und als ob sie nichts mehr sagen dürften – das mag bei Ihnen im Büro so sein, aber in meinem ist es das nicht. Und das, obwohl die #MeToo-Bewegung in den Medien besonders aktiv war.

Wie viele von Ihnen haben die Liste der »Shitty Media Men« gelesen? Eine Frau hat eine Liste ins Netz gestellt, in der Kolleginnen Männer in den Medien nennen konnten, deren Verhalten alle kannten, ohne dass je etwas dagegen unternommen worden wäre. Die Liste ist schnell an die Öffentlichkeit gelangt. Aber das hatte etwas Beunruhigendes. Das kann niemandem gefallen, wenn anonyme Anschuldigungen in den Raum gestellt werden. Die meisten Feministinnen, die ich kenne, haben sich darüber aufgeregt, ich auch, weil es nicht fair ist, den Ruf von jemandem auf diese Weise zu zerstören.

Aber was ist mit den Männern auf dieser Liste passiert? Nichts. Keiner hat seinen Job verloren. Ich kenne einige der Männer auf dieser Liste, ich habe mit ihnen zusammengearbeitet. Wenn Medienleute tatsächlich ihren Job verloren haben, dann wegen extremem Fehlverhalten, das von zahlreichen Frauen und Zeugen belegt wurde.

Ich verstehe, dass es vielen Leuten Angst macht, wenn sich das Verhältnis von Männern und Frauen verändert, und natürlich schürt das eine Menge kulturelle Sorgen. Aber ich glaube nicht, dass diese Angst wirklich begründet ist.

**RUDYARD GRIFFITHS:** Mr. Fry, was meinen Sie dazu? Erleben wir eine kulturelle Panik? Ist die Reaktion dem Anlass angemessen?

**STEPHEN FRY:** Das verwirrt mich alles sehr. Natürlich sehe ich, dass sich Weinstein bestialisch und ungeheuerlich verhalten hat, und ich war schockiert. Ich habe ja auch mit ihm zusammengearbeitet, an Drehbüchern, allerdings habe ich nie ein Badetuch bekommen, aus naheliegenden Gründen. Aber es ist grotesk, und ich kann mir nicht vorstellen, wie widerlich das ist – so ein mächtiger Mann. In den Jahren, in denen er auf dem Höhepunkt seines Erfolgs stand, haben wir in Cannes ein Spiel gespielt. Wir sind von einem Hotel am Ende der Stadt bis zum Palais des Festivals gegangen, und unterwegs bekam man zehn Punkte, wenn man den Namen »Harvey« hörte. In den zehn Minuten, die man brauchte, kam man leicht auf dreihundert Punkte, weil man überall hörte: »Ja, Harvey hat das Drehbuch... Das ist bei Harvey... Heute Nachmittag treffe ich mich mit Harvey im Majestic.« Er war übermächtig, und jemand, der in dieser Position Frauen missbraucht und bedroht und ihr Vorankommen behindert hat, der ist schon eine extrem groteske Figur.

Aber ich muss auch sagen, unter vielen meiner Bekannten herrscht das Gefühl, »Psst, wir dürfen nicht sagen, was wir denken, wir können nicht über sexuelle Gefühle zwischen Männern und Frauen sprechen.« Das ist nicht mein Fachgebiet, aber das gilt auch für Beziehungen zwischen Männern, auch wenn Sie jetzt vielleicht sagen: »Das ist etwas anderes, Frauen haben in der Vergangenheit ganz andere Erfahrungen gemacht.« Aber darauf will ich gar nicht eingehen.

Aber ich würde schon sagen, dass es eine echte Angst gibt. In meiner Branche, wo das alles losgegangen ist – im Showbusiness, im Film und so weiter –, haben die Leute Angst, über neue Veröffentlichungen oder Aussagen zu sprechen. Man sagt nur: »Ja, völlig einer Meinung«, und wartet, bis alle den Raum verlassen haben, um mit Freunden offen darüber zu sprechen. Das habe ich in meinen sechzig Jahren auf dieser Erde noch nicht erlebt. Ich würde Feministinnen nicht als Denunzianten bezeichnen, aber es ist schon so, als würde die Stasi mithören. Man muss aufpassen, was man sagt, weil sie einen abhören. Dieses Gefühl ist echt, Hand aufs Herz. Ich sage das, weil es so ist und weil ich es als besorgniserregend empfinde. Aber sexuelles Fehlverhalten und die entsetzlichen Erfahrungen sind auch besorgniserregend. Wir haben also zwei Sorgen, und keine ist gelöst.

**RUDYARD GRIFFITHS:** Mr. Peterson, Sie haben viel dazu gesagt und geschrieben.

**JORDAN PETERSON:** Ich möchte nur noch einmal auf zwei Dinge hinweisen. Erstens ist meine Frage, wann die Linke zu weit geht, immer noch nicht beantwortet. Und zweitens kann es gut sein, dass ich ein böser Mann bin – vielleicht böser als einige Menschen, und weniger böse als so mancher andere (wahrscheinlich eher Letzteres). Aber ich würde sagen, dass meine Hautfarbe in diese Debatte gezerrt wurde, ist das allerbeste Beispiel für alles, was mit der politisch korrekten Linken schiefläuft.

**MICHAEL ERIC DYSON:** Man stelle sich die Verletzung, die Angst, die Kränkung vor, die Sie wahrscheinlich ehrlich empfinden, aufgrund von etwas, das ich in diesem Moment als angemessene Beschreibung angesehen habe. Aber diese Verletzung …

**JORDAN PETERSON:** Ich bin nicht verletzt.

**MICHAEL ERIC DYSON:** Okay! Sie fühlen sich gut! Es hat Ihnen gefallen!

**JORDAN PETERSON:** Es ist etwas ganz anderes. Ich bin kein Opfer. Ich bin nicht verletzt. Ich bin entsetzt.

**MICHAEL ERIC DYSON:** Sie sind also nicht verletzt, in Ordnung. Sie wollen kein Opfer sein. Aber egal welch ungewöhnliche Gefühle Sie in diesem Moment auch empfinden mögen, es ist dasselbe Entsetzen, das andere Menschen so lange ertragen mussten, wenn man ihnen ihr Menschsein abgesprochen hat.

Ich nehme Ihre Aussage ernst. Wenn Sie sagen, Sie seien verärgert, weil ich die Hautfarbe ins Spiel gebracht habe, als ich Sie einen »bösen weißen Mann« genannt habe, dann hatten Sie vielleicht das Gefühl, dass man Ihnen eine Gruppenidentität aufzwingt, mit der Sie nichts zu tun haben wollen. Vielleicht hatten Sie das Gefühl, dass Sie aufgrund Ihrer Hautfarbe ungerecht beurteilt werden. Vielleicht hatten Sie das Gefühl, dass Ihre Identität durch meine leichtfertige Beschreibung beschmutzt wurde. Das sind berechtigte Reaktionen. Aber das belegt auch alles, was wir über die Weigerung sagen, unsere individuelle Existenz als Frauen, als Schwarze, als Ureinwohner und so weiter anzuerkennen.

Wenn ich Ihre Hautfarbe ins Spiel gebracht habe, dann hat das auch damit zu tun, wie ich an einen neuen Ort komme. Ich weiß nicht, ob viele Schwarze da sind, keine Ahnung. Aber ich komme immer wieder an Orte, die nicht mein natürlicher Lebensraum sind – abgesehen von der geistigen Auseinandersetzung und der

Liebe zu Rhetorik. Aber ich komme oft an feindliche Orte, an denen die Leute meine Ansichten nicht teilen, weil ich als Individuum ein Interesse daran habe, Grenzen niederzureißen, damit die Leute verstehen, wie kompliziert das ist.

Deswegen lade ich Sie ein, Ihr Privileg aufzugeben und mit mir eine schwarze Baptistengemeinde zu besuchen. Kommen Sie mit mir zu einem schwarzen College, kommen Sie mit in eine Gemeinde von Ureinwohnern. Dort können wir uns wunderbar unterhalten, aber wir können auch einfach zuhören.

Und wenn ich die Hautfarbe ins Spiel gebracht habe, dann geht es mir um die Unfähigkeit anzuerkennen, dass andere genauso gelitten haben, wie man selbst gerade leidet.

Als Mensch liebe ich Sie, mein Bruder, aber ich bleibe bei meiner Aussage.

**JORDAN PETERSON:** Ich habe viel von dem Unrecht gesehen, von dem Sie sprechen. Zufällig bin ich Ehrenmitglied einer Familie von Ureinwohnern. Wenn es um Unterdrückung geht, brauchen Sie mich nicht zu belehren. Sie wissen nichts von mir.

**MICHAEL ERIC DYSON:** Sie haben mir eine Frage gestellt, ich habe Ihnen eine Antwort gegeben.

**JORDAN PETERSON:** Ja, eine Standardantwort, eine standardmäßige rassistische Antwort.

**MICHAEL ERIC DYSON:** Sie ist auf Sie persönlich zugeschnitten, Jordan Peterson. Ich möchte, dass Sie mit mir, Michael Eric Dyson, eine schwarze Baptistengemeinde besuchen. Haben Sie schon mal eine besucht?

**JORDAN PETERSON:** Gern, aber…

**MICHAEL ERIC DYSON:** Gut, ich organisiere das.

**RUDYARD GRIFFITHS:** Noch eine kurze Runde, dann kommen wir zu den abschließenden Statements. Stephen Fry, könnte es nicht sein, dass wir in zwanzig oder dreißig Jahren auf die Bewegung der politischen Korrektheit zurückblicken und dieselben positiven Errungenschaften sehen wie zum Beispiel in der Bürgerrechtsbewegung? Diese Bewegung hat die Menschenwürde für Menschen eingefordert, die sie bis dahin nicht hatten. Heute führen wir eine neue gesellschaftliche Debatte um verschiedene Gruppen, denen die Würde abgesprochen wird. Werden wir das im Rückblick nicht genauso positiv sehen?

**STEPHEN FRY:** Ich glaube, die Leute werden auf diese Debatte zurückblicken und sich fragen, warum es nicht um das Thema politische Korrektheit ging.

Es ist interessant, ein Gespräch über Hautfarbe und Geschlecht und Gleichheit zu hören, denn das sind Themen, mit denen ich mich beschäftigt habe und über die ich noch viel lernen kann, aber deshalb bin ich nicht zu dieser Debatte gekommen. Mich interessiert nach wie vor das Gleiche: die Unterdrückung von Sprache und Denken, die Verbote, dieser verlockende rationalistische Gedanke, dass man den Menschen ein neues Denken beibringen kann, indem man ihre Sprache manipuliert. Das ist ein Gedanke, der auch den Erfindern von George Orwells Neusprech gefallen hat.

Aber das halte ich für unwahrscheinlich, das funktioniert nicht. Und das meine ich mit empirisch. Das hält keinem empirischen Test stand, es ist nicht durch Experimente belegt, wie wir in der heutigen politischen Landschaft sehen. Und ich fürchte, das wird in Zukunft nicht anders sein.

Deswegen bin ich ein bisschen enttäuscht, dass es in unserem Gespräch vor allem um die Universität ging, was vielleicht auch absehbar war, weil das die Art von Schmelztiegel ist, wo diese Elemente zusammenkommen. Aber noch enttäuschter bin ich eigentlich, dass Ms. Goldberg und Professor Dyson nicht erklärt haben, was politische Korrektheit ihrer Ansicht nach ist. Im Grunde haben sie nichts anderes gesagt als »Fortschritt ist unserer Ansicht nach Fortschritt«. Dem stimme ich ja zu, so ist es. Gut für den Fortschritt!

Aber warum ist das, was sie als politische Korrektheit bezeichnen, in ihren Augen Fortschritt? Darum hätte es gehen sollen. Und ich wüsste gern, was sie unter politischer Korrektheit verstehen.

**MICHELLE GOLDBERG:** Als mich die Veranstalter vor ein paar Monaten gefragt haben, ob ich an einer Debatte um Identitätspolitik teilnehmen möchte, und als sie mir diese These vorgestellt haben, da habe ich gleich gesagt, dass ich vieles von dem, was manche Leute als politische Korrektheit bezeichnen, nicht unterschreiben kann. Aber als ich erfahren habe, mit wem ich diskutieren würde, da ist mir klargeworden, dass vieles von dem, was Mr. Peterson unter politischer Korrektheit versteht, in meinen Augen tatsächlich Fortschritt bedeutet. Und auch einiges von dem, was Mr. Fry so nennt. Sie bezeichnen es als empörend – oder nicht empörend, ich will Ihnen da nichts in den Mund legen –, aber Sie sagen, dass wir Rassisten nicht von ihrem Sockel holen sollten, sondern dass wir nur mit Eiern nach ihnen werfen sollen. Wenn Sie das als politische Korrektheit bezeichnen, dann ist das in meinen Augen Fortschritt.

Dieses Gefühl, dass man Sie zum Schweigen bringt, das verstehe ich. Aber es ist mir nicht klar genug: Sie sagen nicht, wer Sie zum Schweigen bringt, außer vielleicht die vage Angst, wenn Sie etwas Falsches sagen, könnten Sie …

**STEPHEN FRY:** An den Pranger gestellt werden.

**MICHELLE GOLDBERG:** An den Pranger gestellt, aber von wem denn? Vom Internet?

**STEPHEN FRY:** Ich nenne keine Namen. Das ist genau der Punkt: Ich habe Angst. Es ist eine Kultur der Angst.

**MICHELLE GOLDBERG:** Ich verstehe, dass es ein Element der Angst gibt. Aber das ist ein Gefühl, das ungreifbare Ergebnis von …

**STEPHEN FRY:** Wir haben alle diese Art von Schauprozess gesehen, an deren Ende sich irgendjemand entschuldigen muss. »Ich muss noch so viel über Geschlechterpolitik lernen, ich bereue aufrichtig«, unterzeichnet, der Anwalt. Durchgestrichen, der Angeklagte.

Der eigentliche Fehler unserer Linken ist doch, dass wir die Rechte unterschätzen. Die Rechte ist nicht so dumm, wie wir uns das gern einreden. Wenn sie das nur wäre. Wenn sie nur nicht so durchtrieben, schlau und gerissen wäre und unsere Schwächen nicht so gut erkennen würde.

Ich fürchte, dass die politische Korrektheit eine Waffe ist, die ihr sehr gelegen kommt. Je mehr wir aller Welt vorschreiben, wie bestimmte Leute zu behandeln sind – oder wie wir zu sprechen haben, welche Begriffe erlaubt sind, welche Meinungen erlaubt sind, in langen Listen der Personalabteilung, die uns erklärt, wie wir bestimmte Leute anzuschauen haben – das ist doch alles Futter für die Bösewichte und Schurken.

**MICHELLE GOLDBERG:** Ich würde Ihnen in vielem zustimmen. Aber ich würde den Spieß gern umdrehen und Sie fragen, welche Wörter Sie denn nicht mehr sagen dürfen, die Sie gern retten würden. Meiner Ansicht nach ist das ein heftig umkämpftes Gebiet der gesellschaftlichen Veränderung, und viele Menschen glauben …

**STEPHEN FRY:** Zu Wörtern, die nicht mehr in Gebrauch sind, fallen mir Blabla und Schlagwörter ein wie »heteronormativ« oder »Zisgender«. Das ist doch einfach beleidigend. Stellen Sie sich vor, Sie kommen als junger Mensch an die Universität und die Leute bombardieren Sie mit diesem absurden hermeneutischen Unsinn aus falsch verstandenen Lehrbüchern, falsch verstandenem Foucault, falsch verstandenem Derrida und so weiter. Verstehen Sie mich nicht falsch, ich habe in Cambridge Literatur studiert, wir hatten auch unsere französische Phase, und das hat ja durchaus seinen Sinn. Es ist ein interessantes Spiel.

Ich muss dauernd an einen Brief denken, den Oscar Wilde an seinen Liebhaber Bosie geschrieben hat: »Die Tatsache, dass du den Abschluss nicht geschafft hast, ist nicht so schlimm. Aber du hast nie das erworben, was man oft als ›Oxford-Manier‹ bezeichnet.« Ich nenne es mal akademische Manier. »Damit meine ich die Fähigkeit, elegant mit Ideen zu spielen.« Ich glaube, das verschwindet aus unserer Gesellschaft, und das ist eine schlimme Sache.

**MICHAEL ERIC DYSON:** Man hat es nicht leicht als selbstironischer Engländer.

**STEPHEN FRY:** Sie haben ja keine Vorstellung.

**MICHAEL ERIC DYSON:** Ich habe hier und heute eine ganz gute Vorstellung bekommen. Wir haben uns alle mit der Geschichte auseinandergesetzt, aber das Interessante ist, ich erinnere mich nicht daran, dass politische Korrektheit ein Thema war, während die Mächtigen absolute und unangefochtene Macht hatten.

Politische Korrektheit wird dann ein Thema, wenn die Leute, die früher an der Macht waren, oder noch immer an der Macht sind, aber um sie fürchten, wenn diese Leute kritisiert werden, weil sie etwas haben und nicht teilen wollen – Spielsachen im Sandkasten des Lebens. Plötzlich heißt es, das sei alles übertriebenes Gejammer.

Was Sie da aufzählen, die Listen und Zisgender und Heteronormativität und Heteropatriarchat und das Wiedererstarken des Kapitalismus und die Auflehnung von unterdrücktem Wissen, die Liebe zu Foucault oder der Dekonstruktion von Derrida, all dieses Zeug – diese französische Phase ist in den Vereinigten Staaten noch nicht vorbei. Solange eine Gruppe fest im Sattel war, haben wir keine Klagen über politische Korrektheit gehört, aber als Martin Luther King als Schwarzer für die Identität der Gruppe gesprochen und verlangt hat, man müsste dem schwarzen Individuum Chancen geben, in den Vordergrund zu treten, da kam dieser Vorwurf auf.

Damals hat man es noch nicht politische Korrektheit genannt. »Ihr steht auf der Seite der Leute, die gegen freie Meinungsäußerung sind; ihr steht auf der Seite der Leute, die mir als Weißem mein Menschsein absprechen wollen.« Was ich mit politischer Korrektheit meine, ist die Politik der Ressentiments, die von den Machthabern auf verschiedenen Ebenen zum Ausdruck gebracht wird.

Das Schöne an Foucault ist, dass er sagt, Macht bricht sich überall ihre Bahn. Das sollte auch Kritikern der politischen Korrektheit gefallen. Anders als Max Weber, der Macht nur innerhalb der hierarchischen Struktur gesehen hat, wo Unterwerfung verlangt wird, hat Foucault gesagt: »Nein, Macht bricht sogar unter den Machtlosen aus.« Man kann also auch einem Menschen in seiner eigenen Gemeinschaft Schaden zufügen.

Was ist politisch weniger korrekt als ein schwarzer Baptistenprediger, der sich mit einem Juden aus dem Palästina des ersten Jahrhunderts identifiziert und Atheisten liebt? Was ist politisch weniger korrekt als ein schwarzer Intellektueller, der Bill Maher* in Schutz

---

* Bill Maher, US-amerikanischer Stand-up-Comedian und Fernsehjournalist, moderierte die Late-Night-Talkshow *Politically Incorrect* auf den Sendern *Comedy Central* und *ABC*. ( Anm. d. Übers.)

nimmt und sagt, er soll seine Sendung weitermachen dürfen, obwohl er Schwarze als Nigger bezeichnet hat?

Ich glaube an eine politisch inkorrekte Version der Welt. Wenn ich als schwarzer Baptistenprediger meine Glaubensbrüder für ihre Homophobie geißele, dann geht denen das so quer runter wie ein Ziegelstein. Wenn ich in Veranstaltungen wie diesen auftrete, dann weiß ich, dass ich mit dem Rücken zur Wand stehe ...

**STEPHEN FRY:** Dann setzen Sie sich doch hier rüber zu uns!

**MICHAEL ERIC DYSON:** Wenn ich mir anschaue, was in unseren Gesellschaften als politische Korrektheit gilt – in der freien kanadischen Gesellschaft, in der freien amerikanischen Gesellschaft –, dann ist das ein riesiges Wirrwarr und kommt aus dem Ärger darüber, dass man Macht verloren hat, die man einmal hatte, oder dass man Freiheiten teilen muss, die man früher absolut hatte.

Ich stimme den beiden Herren auf der Gegenseite zu, wenn sie die politische Korrektheit als Geißel sehen – aber anders, als Sie denken. Es ist eine Geißel, weil diejenigen, die Macht ausüben und Privilegien genießen, das nicht erkennen. Unter dem Strich glaube ich, dass die freien Bürger Kanadas und der Vereinigten Staaten herausfinden sollten, wie sie die Gleichwertigkeit des anderen anerkennen können, wie sie die individuelle Existenz des anderen anerkennen können und wie sie die Tatsache anerkennen können, dass bestimmten Gruppen Hindernisse in den Weg gelegt wurden, die sie in ihrer Entfaltung hemmten. Das meine ich mit politischer Korrektheit.

**RUDYARD GRIFFITHS:** Ehe wir zu den Schlussstatements kommen, möchte ich Ms. Goldberg und Mr. Peterson um ein paar abschließende Worte zu diesem Thema bitten.

**MICHELLE GOLDBERG:** Ein Teil der Frustration hier hängt sicher damit zusammen, dass unsere beiden Kontrahenten sehr unterschiedliche Vorstellungen von politischer Korrektheit vertreten. Ich habe den Eindruck, Mr. Fry, wenn Sie von politischer Korrektheit sprechen, dann meinen Sie diese Angst, die viele Menschen heute haben, weil wir in einem crowdgesourceten Panoptikum leben und Sie befürchten, dass alles, was Sie sagen, dazu verwendet werden kann, um Sie an den Pranger zu stellen, richtig?

Ich glaube, dass viele Leute heute diese Angst haben. Ich glaube aber nicht, dass sich das nur gegen unbekümmerte Gestalten à la Oscar Wilde richtet und nur von einer inquisitorischen Linken ausgeht. Es kommt aus allen Richtungen. Dieses Phänomen nervt, und es ist überall. Das bekomme ich zu spüren, wenn ich einen kritischen Artikel über das Verhalten der israelischen Soldaten im Gazastreifen schreibe. Es erwischt uns alle, aber ich glaube, wenn es aus einer bestimmten Richtung kommt und bestimmte Punkte betrifft, und wenn man sich auf ungerechtfertigte Weise kritisiert und zum

Schweigen gebracht fühlt – das ist etwas anderes, als wenn man tatsächlich zum Schweigen gebracht wird –, dann bezeichnet man das als politische Korrektheit.

Mir persönlich wäre es auch lieber, wenn unsere Kultur spielerischer wäre. Man wird aber die Linke nicht dazu bringen können, das abzustellen, weil es sich eher um einen Internet-Mob handelt als um etwas, das von oben gesteuert wird. Ich glaube, das lässt sich nur durchbrechen, indem wir sagen, was wir uns zu sagen fürchten, oder? Nur so lässt sich dieser Ballon zum Platzen bringen und diese Angst abstellen, zumindest ein bisschen.

Wenn ich allerdings höre, was Mr. Peterson über politische Korrektheit sagt, dann meint er etwas, das viel weiter geht und für den gesellschaftlichen Wandel viel grundlegender ist. Sie wollen, dass wir definieren, wann die Linke zu weit geht. Ich will Ihnen nichts in den Mund legen, aber Sie wollen, dass ich marxistische Kategorien ablehne …

**JORDAN PETERSON:** Das ist Ihre Sache. Ich möchte nur, dass Sie definieren, wann die Linke zu weit geht. Wie Sie das machen, überlasse ich Ihnen.

**MICHELLE GOLDBERG:** Meiner Ansicht nach geht die Linke zu weit, wenn sie Gewalt ausübt oder Zensur betreibt, wenn sie versucht, andere zum Schweigen zu bringen, wenn sie versucht, Redner am Auftreten zu hindern. Ich weiß nicht, was Sie darüber hinaus hören wollen.

**JORDAN PETERSON:** Etwas, das weiter geht.

**MICHELLE GOLDBERG:** Weiter – wie?

**JORDAN PETERSON:** Ich würde mir wirklich wünschen, dass Sie sich mit dem linken Gedankengut auseinandersetzen, das die ganzen linken Pathologien des 20. Jahrhunderts hervorgebracht hat, und dass Sie definieren, wann das linke Denken, das ja eine wichtige Rolle spielt, zu weit geht.

**MICHAEL ERIC DYSON:** Ist die Rechte zu weit gegangen?

**JORDAN PETERSON:** Natürlich ist die Rechte zu weit gegangen.

**MICHAEL ERIC DYSON:** Wie? Können Sie uns das sagen?

**JORDAN PETERSON:** Zum Beispiel in Auschwitz?

**MICHAEL ERIC DYSON:** Wo noch? Was ist in letzter Zeit mit der Rechten falsch gelaufen?

**STEPHEN FRY:** Charlottesville?

**JORDAN PETERSON:** Schauen Sie, ich habe grundsätzlich nichts für Vertreter der Identitätspolitik übrig. Mir ist es egal, ob sie von rechts oder links kommen. Seit dreißig

Jahren spreche ich in meinen Vorlesungen über den Extremismus der Rechten. Ich bin kein Freund der Rechten, auch wenn mir die Linke das gern unterstellt, weil das bequemer für sie ist.

**MICHAEL ERIC DYSON:** Wo ist die Rechte in letzter Zeit zu weit gegangen?

**JORDAN PETERSON:** Sicherlich im identitären Europa. In Charlottesville. In Norwegen. Wie lang soll die Liste sein? Und warum soll ich die aufstellen? Um Ihnen zu beweisen, dass ich nicht zur identitären Rechten gehöre?

**MICHAEL ERIC DYSON:** Sie haben mich gefragt, und da habe ich mir gedacht, ich frage Sie.

**JORDAN PETERSON:** Ich habe Ihnen eine Frage gestellt. Sie nehmen also an, dass ich ein Rechter sein muss. Aber sind es die Rechten, die die Geisteswissenschaften und die Sozialwissenschaften gekapert haben? Wenn sie das getan hätten, dann würde ich mich gegen sie wehren.

**MICHAEL ERIC DYSON:** Was ist dann mit Intelligenztests, die einen Bezug zum genetischen Erbe herstellen?

**JORDAN PETERSON:** Wir sind hier, um über politische Korrektheit zu sprechen, und wir haben unsere Sache ziemlich schlecht gemacht.

**MICHAEL ERIC DYSON:** Ach so. Ich gebe Ihnen ein Beispiel, und Sie haben keine Antwort. In Ordnung.

**RUDYARD GRIFFITHS:** Kommen wir zu den Schlussstatements. Jeder hat drei Minuten, und wir gehen in umgekehrter Reihenfolge wie bei der Eröffnung vor. Wir beginnen mit Stephen Fry.

**STEPHEN FRY:** Das Gespräch hat mich fasziniert, verschiedene Kulturen sind heftig aufeinandergeprallt. Wir hatten einen klassischen Billiger-Jakob- und Kanzel-Vortrag, einen rhetorischen Stil, den ich endlos erfrischend und belebend finde. Aber ich bin mir nicht sicher, ob wir über die Fragestellung gesprochen haben.

Ich war immer schon gegen Rechtgläubigkeit – ich bin ein Abweichler und Quertreiber, da kann ich nicht anders. Und ich glaube, es wird unterschätzt, wie sehr wir von der Sprache beeinflusst werden. Das verunsichert vor allem junge Menschen, die am Anfang ihrer Ausbildung oder ihrer beruflichen Laufbahn stehen. Sie reagieren mit Angst, Ärger, Wut und Rückzug, weil sie nicht mehr wissen, wie sie sich in dieser Welt verhalten sollen, wie sie sich in Beziehungen verhalten sollen, wie sie aufrichtig denken sollen. Deswegen ziehen sie sich mehr und mehr in ihre Kleinstgruppen zurück. Das ist gefährlich für die Gesellschaft, und es ist eine unselige Entwicklung. Das spiegelt sich in einer Armut von Film, Literatur, Kunst und Kultur ganz allgemein wider. Dahinter steckt eine Angst. Akademiker sagen uns zwar: »Kommt in unsere Vorlesungen, sie sind offen und frei, hier werden Gedanken ausgetauscht« – das mag zwar stimmen, aber es unterschätzt, wie verbreitet dieses Gefühl in unserer Gesellschaft ist.

Es ist ein sonderbarer Widerspruch: Die Liberalen fordern Liberalität, doch sie sind selbst nicht liberal. Sie fordern Einbeziehung, doch sie grenzen aus. Sie fordern Heterogenität, doch sie sind homogen. Sie fordern Vielfalt, doch sie lassen selbst keine Vielfalt zu – man darf zwar anders sein, aber nicht, wenn es um Meinungen und Sprachgebrauch und Verhalten geht. Und das ist sehr bedauerlich.

Es tut mir leid, dass die Diskussion gelegentlich ein wenig hitzig geworden ist. Ich hatte gehofft, sie würde ein leuchtendes Beispiel dafür werden, wie sich Menschen mit unterschiedlichen politischen Vorstellungen mit Witz, Geist und Leichtigkeit austauschen können. Wie C. K. Chesterton sagte: »Engel fliegen, weil sie sich leichtnehmen.«

Und ich glaube, für uns Privilegierte – denn wir sind alle vier privilegiert, dass wir hier sein dürfen – ist es wichtig, uns ein wenig leichter zu nehmen, nicht so ernst, nicht so gravitätisch, nicht so aufgeblasen. Und vor allem nicht so selbstsicher.

Es ist an der Zeit, den Zweifel ernst zu nehmen: emotional befriedigenden, leidenschaftlichen und positiven Zweifel. Das würde ich mir wünschen.

**MICHAEL ERIC DYSON:** Danke für das Kompliment, Bruder Fry. Ich bin es gewohnt, dass weiße Männer schwarzer Intelligenz auf einem bestimmten Niveau mit einer gewissen Herablassung begegnen. Wer sprachliche Gewandtheit mitbringt, wird gern als Billiger Jakob abgetan. So geht es mir. Ich bekomme täglich Briefe von weißen Brüdern und Schwestern, die sich darüber aufregen, dass ich ihre Kinder unterrichte. »Sie wollen unsere Kinder beeinflussen und verderben.«

Ja, ich will sie verderben, damit sie nicht von der Verdorbenheit einer Gesellschaft verdorben werden, die sich weigert, alle Menschen als Menschen zu behandeln.

Die Todesdrohungen, die ich dauernd bekomme, weil ich das sage, was ich denke ... Es geht hier nicht um eine politisch korrekte und offene Gesellschaft, die vielleicht ein wenig peinlich berührt ist von meiner Redegabe. Das sind echte, wenn Sie so wollen empirische Morddrohungen, die mir drohen, dass sie mich umbringen, verletzen oder mir Schaden zufügen, nur weil ich den Mund aufmache.

Ich stimme meinen Mitstreitern zu, dass wir uns gegen jede bösartige Einschränkung der freien Meinungsäußerung zur Wehr setzen sollten. Ich bin der Ansicht, dass jeder das Recht hat, seine Meinung zu sagen. Und das Privileg, an einem Ort wie diesem sprechen zu dürfen, bedeutet, dass wir dieses Privileg haben und dass wir dafür verantwortlich sind.

Egal was passiert, Bruder Peterson und ich werden eine schwarze Baptistengemeinde besuchen. Ich nehme ihn beim Wort, er hat es im Fernsehen versprochen. Wir werden eine schwarze Baptistengemeinde besuchen und ein erhellendes Gespräch darüber führen, warum es so wichtig ist, nicht nur den wechselseitigen Austausch zu suchen, sondern einander zu kritisieren – auch schonungslos zu kritisieren. Auch so, dass es den Bedürfnissen und Interessen derjenigen gerecht wird, die nicht im Fernsehen auftreten, deren Stimmen nicht gehört werden, deren Vorstellungen nicht ernst genommen werden. Und selbst wenn sie in die höheren Ebenen einer Gesellschaft vordringen, erleben sie bösartige Vorwürfe und schmerzhaften Widerstand.

Es gibt eine alte Geschichte über ein Schwein und ein Huhn, die eine Straße entlanggehen und sagen: »Lass uns frühstücken gehen.« Das Huhn muss nur ein Ei legen, aber das Schwein muss für das Frühstück seinen Hintern hinhalten. Wir waren oft das Schwein und haben unseren Hintern hingehalten, um Frühstück zu machen. Es sollen andere auch mal den Hintern hinhalten.

**JORDAN PETERSON:** Ich würde nie behaupten, dass es Unterdrückung, Ungerechtigkeit, Brutalität, Diskriminierung und Machtmissbrauch nicht gibt. Jeder vernünftige Mensch weiß, dass Hierarchien zur Tyrannei neigen und dass wir dauernd aufpassen müssen, damit es nicht nur Macht und Tyrannei gibt. Der Hinweis auf Foucault war interessant. Foucault und seine französischen intellektuellen Kollegen waren überzeugt, dass Hierarchien immer ein Produkt der Macht sind. Und das ist Teil der gefährlichen Doktrin der politischen Korrektheit, von der ich spreche. Wenn eine Hierarchie korrumpiert wird, dann kommt man in ihr tatsächlich nur dann nach oben, indem man Macht missbraucht – das ist im Wesentlichen die Definition einer Tyrannei.

Aber das heißt nicht, dass die unvollkommenen Hierarchien, die wir in unseren verhältnismäßig freien Ländern geschaffen haben, nicht zumindest teilweise auf Kompetenz und Können basieren; das belegen doch die erstaunlichen zivilisatorischen Leistungen, die wir vollbracht haben. Es wäre falsch zu glauben, dass sie sich ausschließlich und eindimensional als Machtgefüge verstehen lassen und dass jeder, der eine Position in ihr innehat, automatisch ein Tyrann oder Möchtegerntyrann ist. Aber genau das behauptet jemand wie Foucault. Unter anderem deshalb ist die politische Korrektheit so eine Katastrophe.

Ich bin nicht hier, um gegen Fortschritt zu argumentieren. Ich bin nicht hier, um gegen Chancengleichheit zu argumentieren. Jeder vernünftige Mensch versteht, dass selbst ein Egoist am besten fährt, wenn er Zugang zu den vielfältigen Talenten aller Menschen hat, und dass es abscheulich ist, aus willkürlichen Gründen, die nichts mit ihrer Leistung zu tun haben, bestimmte Menschen zu diskriminieren. Aber das hat nichts mit unserem Thema zu tun. Es geht nicht darum, dass in der Vergangenheit nicht auch gute Dinge passiert sind und nicht weiter passieren werden. Wie mein Mitstreiter Mr. Fry gesagt hat, geht es darum: Wir sind uns einig, dass in der Vergangenheit schlimme Dinge passiert sind und dass es Ungerechtigkeit gab, aber politische Korrektheit ist kein Ausweg. Es gibt vielmehr viele Hinweise, dass das Gegenteil der Fall ist, und das haben wir zum Teil auch in dieser Diskussion wieder gesehen.

**MICHELLE GOLDBERG:** Ich glaube, eines der Probleme, auf das wir stoßen und das sich nicht einfach auflösen lässt, ist die Rolle der Gefühle. Stephen Fry wünscht sich, dass wir sein Gefühl anerkennen und mitfühlen, dass er zum Schweigen gebracht wird, dass er bedroht wird. Das kann ich verstehen. Das fühle ich auch manchmal in meinen Kolumnen. Es gefällt mir auch nicht, wenn ich etwas schreibe und ein wütender Twitter-Mob über mich herfällt. Aber nehmen wir an, ich stelle mich hier hin und sage: Erkennen Sie an, wie viele Frauen sich bedroht fühlen, wenn ein Bestsellerautor und prominenter Intellektueller in einem Interview behauptet, die #MeToo-Bewegung zeige, dass das ganze Experiment der Zusammenarbeit von Männern und Frauen gescheitert ist? Oder wenn Frauen wollten, dass der Arbeitsplatz nicht sexualisiert wird, dann sollten sie sich nicht schminken?

**JORDAN PETERSON:** Das habe ich nicht gesagt.

**MICHELLE GOLDBERG:** Das stand in einem Interview in *Vice*. Googlen Sie's.

**JORDAN PETERSON:** Das habe ich nicht gesagt.

**MICHELLE GOLDBERG:** Wenn ich sage, dass ich mich bedroht fühle, dann bin ich »politisch korrekt« und »hysterisch«. In der Debatte um politische Korrektheit, oder bei der Verurteilung der politischen Korrektheit, geht es oft darum, dass jemand sagt: »Respektieren Sie meine Gefühle. Gehen Sie auf meine Gefühle ein.« Und das können wir ja auch bis zu einem gewissen Grad.

Aber *eine* Gruppe glaubt ganz besonders, dass ihre Gefühle respektiert werden müssen. Wir kommen immer wieder darauf zurück. *Eine* Gruppe, zu der ich auch gehöre, ist der Ansicht, dass ihr Gefühl, zum Schweigen gebracht, an den Rand gedrängt und zensiert zu werden, ganz besondere Aufmerksamkeit verdient und dass sie sich darüber lustig machen darf, wenn diese anderen Gruppen von uns verlangen, ihr Gefühl der Bedrohung und Marginalisierung ernst zu nehmen. Diese Forderungen nennen wir dann »politisch korrekt«.

Es gibt eine Menge wissenschaftliche Untersuchungen, die zeigen, dass wir uns verschließen und uns auf unser Stammesdenken zurückziehen, wenn wir uns bedroht fühlen und wenn wir das Gefühl haben, dass unsere Gruppenidentität auf dem Spiel steht. So sehr Sie die Linke auch für das Erstarken der Rechten verantwortlich machen wollen, der Rechten, die die Grundwerte der pluralistischen liberalen Demokratie infrage stellt – je mehr *deren* Ansichten zum Teil des Mainstream werden, umso mehr ziehen sich die Menschen zurück, weil sie wirklich Angst haben.

**RUDYARD GRIFFITHS:** Ein großes Dankeschön an die Teilnehmer. Es ist eine Sache, Vorträge zu halten, wie Sie dies alle tun, und eine ganz andere, vor einem Publikum zu stehen und in Echtzeit auf Erwiderungen einzugehen.

*

*Das Saalpublikum erhielt die Möglichkeit, nach Abschluss der Debatte abzustimmen. Zu Beginn sollte es die Frage beantworten: »Stellt das, was als politische Korrektheit bezeichnet wird, einen Fortschritt dar?« 36 Prozent stimmten mit Ja, 64 mit Nein, aber 87 Prozent waren bereit, ihre Meinung auf den Prüfstand zu stellen. Nach der Debatte stimmten 30 Prozent mit Ja und 70 Prozent mit Nein. Da mehr Besucher von Ja zu Nein gewechselt haben, sind Stephen Fry und Jordan Peterson wohl Sieger der Debatte.*

# NACHGESPRÄCHE

## STEPHEN FRY & JORDAN PETERSON

**RUDYARD GRIFFITHS:** Die Debatte hatte einige hitzige Momente. Hat Sie das überrascht, Mr. Peterson?

**JORDAN PETERSON:** Ich glaube ja. Es schien mir einfach taktisch nicht sonderlich klug. Ich bleibe bei meiner Aussage: Es gibt keinen Grund, warum meine Hautfarbe in die Diskussion gezerrt werden musste, ganz unabhängig von meinen persönlichen Ansichten.

Es war mir ein Vergnügen, die Bühne mit Mr. Fry zu teilen. Ich habe selten jemanden erlebt, der seine Überzeugungen so leidenschaftlich, geistreich, geduldig und gebildet vorgetragen hat – das war beeindruckend.

**RUDYARD GRIFFITHS:** Mr. Fry, es war eine schwierige Debatte, weil Sie zwei sehr unterschiedliche Weltbilder unter einen Hut bringen mussten – auf der einen Seite Identitätspolitik und Gruppenidentität, Ihnen hingegen ging es eher um die Kultur an sich und den Ton der Auseinandersetzung.

**STEPHEN FRY:** Ich hatte Angst, dass ich mit der Schrotflinte geschossen habe und dass ich gleichzeitig zu konkret war, weil ich mich an die landläufige Vorstellung gehalten habe, dass es bei politischer Korrektheit um eine Sprachpolizei geht, um das Verbot bestimmter Wörter und die Einführung anderer. Und um den Alltag in den Personalabteilungen von Unternehmen und Ähnliches. Deswegen war ich ein bisschen enttäuscht, dass es in der Debatte um Hautfarbe und Geschlecht ging. Aber das war vielleicht zu erwarten. Und Tatsache ist, dass ich immer noch ein Linker bin, wenn auch ein softer.

**RUDYARD GRIFFITHS:** So soft sind Sie auch wieder nicht!

**STEPHEN FRY:** Ich bin windelweich in jeder Hinsicht. Und mir ist klar, dass das keine politische Haltung ist, sondern eine persönliche. Dieser Raum zwischen dem Persönlichen und Politischen, für den sich Mr. Peterson als Psychologe vermutlich besonders interessiert, wird zu selten ausgelotet.

Wir sind in unseren Haltungen entweder so persönlich, dass es keinerlei Bedeutung für den Rest der Welt und die Ordnung unserer gesellschaftlichen Angelegenheiten hat. Oder wir sind so politisch und konzentrieren uns derart auf Strukturen und den Unterschied zwischen Hierarchien und Netzwerken, dass wir die Menschen vergessen. Aber das ist der Raum, in dem der leidenschaftliche Liberale lebt, und das ist nicht einfach, weil man oft so schlaff klingt. Ich bin mir bewusst, dass ich so geklungen habe. Aber es hat mir Spaß gemacht.

**RUDYARD GRIFFITHS:** Gibt es irgendetwas, das Sie vielleicht noch ergänzen möchten, Mr. Peterson? Irgendetwas, wozu Sie in der Debatte keine Gelegenheit hatten?

**JORDAN PETERSON:** Ich glaube nicht, ich habe alles gesagt.

**RUDYARD GRIFFITHS:** Sie, Mr. Fry?

**STEPHEN FRY:** Nein, ich habe alles gesagt. Es gibt so vieles, was man zu dieser Frage sagen kann, und ich wollte lediglich klarmachen, dass ich mir eine fairere, gerechtere, freundlichere, liebevollere Welt wünsche. Aber das will ja jeder. Es ist nur eine Frage, wie man dahin kommt, aber darum ging es ja leider nicht.

### NACHGESPRÄCHE

## MICHAEL ERIC DYSON & MICHELLE GOLDBERG

**RUDYARD GRIFFITHS:** Politische Korrektheit ist ein kompliziertes Thema mit vielen Facetten. Einige davon haben wir angesprochen. Ms. Goldberg, gibt es etwas, das Sie ergänzen möchten, das Sie auf der Bühne nicht sagen konnten?

**MICHELLE GOLDBERG:** Ich hätte mir nur gewünscht, ich hätte in der Geschlechterfrage ein bisschen tiefer nachgebohrt, vor allem mit Mr. Peterson, und hätte mehr über die feministischen Fortschritte gesprochen, die er als politische Korrektheit abtut. Die Enttäuschung rührt wohl zum Teil daher, dass er und Mr. Fry jeweils ganz eigene Überlegungen vertreten haben, die sich nur zum Teil überschnitten haben. Es ist nicht einfach, über politische Korrektheit zu sprechen, denn das ist ein vager Begriff, der für eine ganze Reihe von Phänomenen verwendet wird.

**RUDYARD GRIFFITHS:** Und der verwendet wird, um Gespräche abzuwürgen oder sie anzustoßen. Mr. Dyson, die Debatte hatte ihre hitzigen Wortwechsel. Das ist das Schöne an den Munk-Debatten, sie sind kein Ort für Mauerblümchen. Gibt es etwas, das Sie nicht gesagt haben und noch ergänzen möchten?

**MICHAEL ERIC DYSON:** Ich denke, man muss Menschen für ihre Aussagen intellektuell zur Rechenschaft ziehen, und wenn Mr. Peterson gegenüber Michelle abstreitet, dass er bestimmte Dinge gesagt hat, und wenn er leugnet, dass er ein paar schlimme Dinge über Frauen und Minderheiten gesagt hat, dann verlangt das nach einer engagierten Antwort.

Was Mr. Frys Enttäuschung angeht, dass wir über alles Mögliche gesprochen haben, nur nicht über politische Korrektheit – Tatsache ist, dass politische Korrektheit für ein großes Stück Arbeit steht, das in Kanada und den Vereinigten Staaten noch zu leisten ist. Mir war es wichtig darauf hinzuweisen, dass es politische Korrektheit nicht gab, solange weiße Männer am Ruder waren. Damals ging es nicht darum, das zu korrigieren. Aber seit sie nicht mehr die absolute Macht haben, sondern nur noch die Vorherrschaft, seitdem wird plötzlich gestritten.

Und zu Ms. Goldbergs Argument zu Geschlecht, Arbeitsplatz, Hautfarbe, Sexualität und so weiter – ich glaube, die Debatte war insgesamt unnötig heftig und scharf.

**RUDYARD GRIFFITHS:** Ein letztes Wort von Ihnen, Ms. Goldberg?

**MICHELLE GOLDBERG:** Wenn Sie sich für das Peterson-Zitat interessieren, das ich erwähnt habe, in dem er das Experiment der Zusammenarbeit zwischen Männern und Frauen für gescheitert erklärt, dann suchen Sie es in Google. Es ist aus einem Interview mit der Zeitschrift *Vice*.

Ich nehme an, in einer anderen Debatte hätten Stephen Fry und ich auf derselben Seite stehen können. Aber ich habe das Gefühl, dass der Begriff der »politischen Korrektheit« inzwischen für eine ganze Bandbreite von Problemen steht. Ich fand es bemerkenswert, wie sehr die Teilnehmer über ihre Gefühle gesprochen haben, denn wenn wir Frauen über Gefühle sprechen, dann seien das »Auswüchse der politischen Korrektheit«. Und wenn Männer über Gefühle sprechen, die sie nicht empirisch definieren können, dann sollen wir das alle ernst nehmen.

# ANHANG

## DIE TEILNEHMER DER DEBATTE

**MICHAEL ERIC DYSON** ist Autor, Professor und Radiomoderator. Er unterrichtet Soziologie an der Georgetown University, moderiert die beliebte Radiosendung »The Michael Eric Dyson Show« auf NPR und ist Autor und Mitherausgeber von *New Republic* und der ESPN-Website *The Undefeated*. Er ist Autor von mehr als einem Dutzend Büchern zu den Themen Rasse, Kultur und Politik in den Vereinigten Staaten, darunter der aktuelle *New-York-Times*-Bestseller *Tears We Cannot Stop: A Sermon to White America*.

**MICHELLE GOLDBERG** ist Kolumnistin der *New York Times*, Journalistin und Bestsellerautorin. Goldberg, die in Brooklyn lebt, hat an der University of California in Berkeley Journalismus studiert, ist häufige politische Gastkommentatorin auf MSNBC, ihre Artikel erschienen in *The New Yorker*, *Newsweek*, *The Nation*, *New Republic* und *The Guardian*. Sie ist Autorin von drei Büchern, darunter dem preisgekrönten *Kingdom Coming: The Rise of Christian Nationalism*.

**STEPHEN FRY** ist ein englischer Schauspieler, Drehbuchautor, Bühnenschriftsteller, Journalist, Dichter, Entertainer und Filmregisseur und hat an der University of Cambridge Englische Literatur studiert. Besonders bekannt wurde er durch seine Rolle als Lord Melchett und andere Figuren der Comedyserie *Blackadder* sowie für seine Rolle als Oscar Wilde in dem Film *Wilde* (1997). Fry hat zahlreiche Dokumentarfilme gedreht, darunter *Stephen Fry: The Secret Life of the Manic Depressive*, für den er mit einem Emmy ausgezeichnet wurde.

**JORDAN PETERSON** ist Professor für Psychologie an der University of Toronto, er ist Klinischer Psychologe und Autor von *12 Rules for Life: Ordnung und Struktur in einer chaotischen Welt*. Peterson promovierte in Klinischer Psychologie an der McGill University, und die Zeitschrift *Spectator* beschrieb ihn als »einen der wichtigsten Denker, der in den letzten Jahren die Weltbühne betreten hat«. Sein Selbsthilfeprogramm »The Self Authoring Suite« und seine Internetvorträge auf YouTube verzeichnen über 40 Millionen Besucher.

**RUDYARD GRIFFITHS, DER MODERATOR,** ist Senior Fellow der Munk School of Global Affairs and Public Policy. Im Jahr 2006 wurde er von der Tageszeitung *Globe and Mail* unter die »Top 40 unter 40« gewählt. Er ist Herausgeber von dreizehn Büchern über Geschichte, Politik und internationale Angelegenheiten, darunter *Who We Are: A*

*Citizen's Manifesto*, das 2009 von *Globe and Mail* zum Buch des Jahres gekürt wurde und Finalist für den Shaughnessy Cohen Prize for Political Writing war. Er lebt in Toronto mit seiner Frau und zwei Kindern.

## DIE VORGESPRÄCHE · QUELLEN

Rudyard Griffiths' Vorgespräche mit Michael Eric Dyson, Michelle Goldberg, Stephen Fry und Jordan Peterson wurden am 18. Mai 2018 aufgezeichnet. Die Aurea Foundation dankt für die Erlaubnis, die Gespräche wiederzugeben.

(S. 43) »Vorgespräch mit Michael Eric Dyson« von Rudyard Griffiths. Copyright © 2018 Aurea Foundation.
Transkript: Transcript Heroes.

(S. 53) »Vorgespräch mit Michelle Goldberg«, von Rudyard Griffiths. Copyright © 2018 Aurea Foundation.
Transkript: Transcript Heroes.

(S. 61) »Vorgespräch mit Stephen Fry«, von Rudyard Griffiths. Copyright © 2018 Aurea Foundation.
Transkript: Transcript Heroes.

(S. 70) »Vorgespräch mit Jordan Peterson«, von Rudyard Griffiths. Copyright © 2018 Aurea Foundation.
Transkript: Transcript Heroes.

# DANK

Die Munk-Debatten verdanken sich dem sozialen Bewusstsein einer bemerkenswerten Gruppe von Organisationen und Personen. Sie wären undenkbar ohne die Vision und Führung der gemeinnützigen Aurea Foundation, die 2006 von Peter und Melanie Munk zur Förderung der Politikwissenschaften und der politischen Diskussion gegründet wurde. Die Debatten sind die sichtbarste Initiative der Stiftung und ein Vorbild für die politischen Debatten, wie sie Kanadier weltweit fördern können. Seit der Durchführung der ersten Debatte im Jahr 2008 übernimmt die Stiftung sämtliche Kosten der halbjährlich durchgeführten Veranstaltung. Die Debatten profitieren außerdem von der Mitarbeit von Stiftungsräten, darunter Mark Cameron, Andrew Coyne, Devon Cross, Allan Gotlieb, Margaret MacMillan, Anthony Munk, Robert Prichard und Janice Stein.

Von Anfang war es das Ziel der Munk-Debatten, die Diskussionen einem internationalen Publikum zugänglich zu machen. Einen nicht zu ermessenden Beitrag leistet hierzu die Zusammenarbeit mit der kanadischen Tageszeitung *The Globe and Mail* und insbesondere mit ihrem Herausgeber David Walmsley.

Mit der Veröffentlichung dieses Buchs trägt auch der Verlag House of Anansi Press dazu bei. Die Veranstalter danken dem Verlagsleiter Scott Griffin und der Verlegerin Sarah MacLachlan für ihre Begeisterung für dieses

Buchprojekt und ihr Knowhow bei der Übertragung der mündlich geführten Debatte in einen überzeugenden schriftlichen Austausch. Ein herzliches Dankeschön an Jane McWhinney für ihre redaktionelle Bearbeitung.

## VITEN · ÜBERSETZER

**JÜRGEN NEUBAUER** studierte Anglistik und Germanistik in Marburg und Richmond, er arbeitete als Buchhändler in London, Dozent in Pennsylvania und Sachbuchlektor in Frankfurt am Main. Neubauer ist Autor und freiberuflicher Literaturübersetzer in Mexiko.

**MICHAEL ADRIAN** lebt als freier Übersetzer und Publizist in Frankfurt am Main: Neben Eva Illouz und Tuvia Tenenbom (zusammen mit Bettina Engels) überträgt er auch Klassiker wie Jeremy Bentham und Edmund Burke. Zuletzt erschien seine Anthologie *Die schönsten Frühlingsgedichte* (Fischer TaschenBibliothek 2017).